JN437571

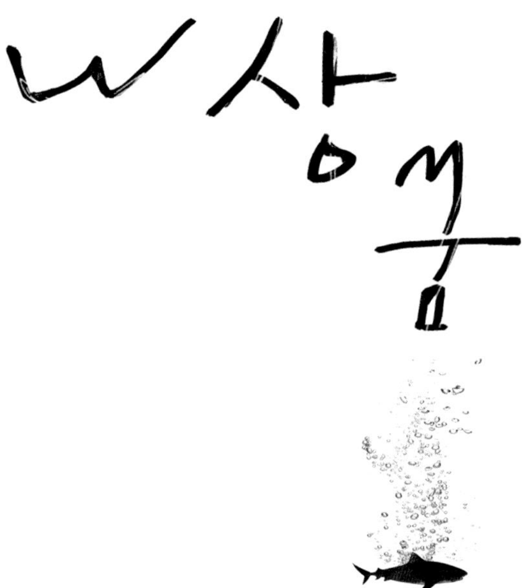

나는 아직도 상어와 싸우는 꿈을 꾸고 있다

광고인의 삶과 꿈이 담긴 **김덕영** 詩集

새로운
사람들

차례

1장
상어의 꿈

2장
기상 나팔

3장
상어 복어 되다

4장
바다로의 귀환

發文
발문

청람(晴嵐) 김덕영 兄의 나.상.꿈.

누가 상어를 닮았을까

형의 세상은 마이크로한 현미경의 세계이고, 작은 것도 소중이 여기는 생명존중의 세상이다. 비록 치열한 광고업계, 생존경쟁의 세계에서 망각의 강 - 그렇게 잘 나가던 광고라도 얼마나 빨리 잊혀지는가 - 으로 떠내려 보낸 수없이 많은 광고를 관리하면서도 주변의 변화와 작은 움직임을 그냥 지나치지 않는다. 농대 후문 구석의 홍합 파는 외로운 할머니나 만추의 고추 잠자리, 연극 라보엠의 낡은 외투, 어느 날의 봄비, 달빛에 비친 수인선, 코스모스, 왕십리의 아늑한 사계절의 변화까지 추억의 깊은 세포들을 현미경으로 들여다 본다.

그런데, 슬픈 병사와 착한 샐러리맨에게 언제부터인가 상어 한 마리가 압박을 해 온다. 인생이란 여행에서 가장 길고 깊은 추억으로 각

인되는 두 시기, 병영시절과 말단 회사원 시절, 그 시절에 그가 만난 상어는 과연 누구일까. 아마 그 상어는 몹시 사납고, 때론 시니컬하기도 하며, 영리할 뿐만 아니라, 순간순간 돈 냄새를 예민하게 맡으며 아주 천천히, 그러나 번개처럼 우리를 공격해 왔던 성공의 스트레스와 무제한의 성장발전 논리였는지도 모른다.

이미 없는 육체를 뜯긴 자는
아직 없는 세계에 영혼을 팔고
오지 않는 환상의 나래에 몸을 싣고
홀로 기인 여행을 떠난다.

('나는 아직 상어와 싸우는 꿈을 꾸고 있다' 에서)

어찌 보면 상어는 내 안에 있는 또 다른 나인지도 모른다. 아니면, 인생의 큰 목적과 꿈처럼 허망한 뼈로 남은 헤밍웨이의 노인과 바다에 나오는 거대한 물고기, 멜빌의 백경과 같은 상징적인 그 무엇인지도 모른다. 그러기에 광고의 바다에서 이제 만선의 깃발을 달고 항구로 귀환하는 시점에도 상어와 싸우는 꿈을 꾸고 있는 지 모르겠다.

당신들의 인생에서는 누가 '상어'를 닮았는가. 무엇이 '상어'의 역할을 하고 있는가. 공격적이고, 지독하게 성공과 승리를 지향하며, 어느 곳에서건 독선적이고 독재적인 폭군이요, 모두가 두려움에 떠는 그런 존재는 과연 누구인가. 혹은 누구나 언젠가 극복해야 할 그런 존재는 아닌가?

> 낮이 밤이려니 밤이 낮이려니
> 부서진 몸 조각을 쌓아 난간을 세우고
> 몸을 태워 외등을 밝히고
> 나는 아직도 상어와 싸우는 꿈을 꾸고 있다.
>
> ('나는 아직 상어와 싸우는 꿈을 꾸고 있다' 에서)

달과 시와 만남과 가르침

그런데, 형은 달과 시와 교류하며 청라의 언덕으로 오르고자 한다.

시에 대한 형의 생각은 삶의 본질이나 종교와 같다. 형과 제일기획에 같이 근무하던 시절, 신입사원 직종교육에 지도선배 강사로 같이 참석하곤 했는데, 형의 강의는 항상 최고의 인기를 얻곤 하였다. 특히 강의가 끝날 때쯤 낭송해 주는 시 한 편은 신입사원들에게 달콤하고 영양 많은 크리에이티브의 자양분 같은 역할을 했을 것이다.

비처럼
시가 내려 준다면
난,
맨손으로라도
바위에 글을 새기렵니다

('서시' 에서)

어느 기성 시인보다 시에 대한 강한 인내와 사랑을 가슴 가득 품고 있으며, 이런 까닭에 시는 상어들이 득실대는 세상을 헤쳐 나가는 종교적인 메타포 또는 희망의 주문같은 역할을 하고 있다. 그렇게 한 세상을 헤쳐 나온 형의 시들은 감히 무심코 읽어 넘기기 어려운 깊은 내면의 외침들을 가지고 있다.

이런 의미에서 달은 지독한 어둠을 김치국 말아 먹듯 술술 여행할

수 있는 또 하나의 친구이자 구원자이다.

소주에 적신 발걸음을 휘적이며 돌아오는 길목에
영락없이 등불을 밝혀주는
둘도 없는 내 친구여!

('달2 - 하이데거의 길로 등불을 밝혀주다' 에서)

꿈은 슬픔으로 돋아나
달이 떠오른 들판에 이슬로 피어난다
달이 떠오른 곳에서 태양은 떠오르고
병사의 슬픔은 워커끈의 끝에서부터 온다

('병사의 서사시3' 에서)

형에게서 달은 같은 여행자이자, 생각과 행동의 원천이고, 슬픔이나 어려움을 극복하고 나아가는 '시' 와 같은 존재가 아닐까. 어둠이란 것이 그렇지 않은가. 밝은 세상을 덮어 버리는 악마와 같은 존재가 아니라 밝은 세상을 잉태하는 모태와 같은 기다림과 은둔의 창조자라고 볼 수 있는 것이다. 그 어두운 시간에 벗이 되어주고, 구원자 역할을 하는 '달빛' 은 은연중에 형에게는 유일한 친구요 희망의 등대처럼 자리잡게 된 것이다. 따라서 형에게 시와 달은 인생의 삶과 광명, 밝음과 같은 적극적인 모습의 반대, 즉 대척점이 아니라 그 밝은 곳으로 향하기 위한 준비와 은유의 다짐과 같은 것이다. 왜냐하면 형의 반드시 이기고 승리해야 되는 광고 마케팅의 직업세계에서 2, 3위로 밀리고, 도태되어 가는 더 많은 브랜드와 경쟁자들 조차 그냥 패배자로 남겨둘 수 없는 인간적인 고민을 가지고 있기 때문이다.

형은 사람을 만나 이야기를 하기 좋아하며, 자기가 알고 있는 이상과 경험을 후배들에게 지도하고 가르치길 좋아하는 학자와 같은 광고인이다. 그와 같은 형의 성품이 광고세계에서 유지될 수 있었던 것은 시에 대한 절대적인 사랑과 묵묵히 어둠을 밟고 가는 달과 같은 마음의 친구가 있었기에 가능하지 않았을까.

청람(晴嵐)한 인생과 경외

그래서 여기 수록된 오십 편의 시는 형의 광고인생 30년을 정리하는 버팀목으로 기록되어 있다. 그러나, 그 30년을 이렇게 털어 버림으로서 이제 새로운 출발을 선언했다고 생각한다. 한편, 더불어 동고동락을 같이 했을 범상치 않은 형수님과 예술가 두 따님의 조각과 그림이 함께 한다는 것은 가장 소중한 모든 것을 한 권의 책에 담는다는 의미일 것이다. 대중문화를 창조하고 리드하며, 기업과 브랜드에는 이미지와 생명을 불어넣으며 치열하게 살아온 형의 모습에서 이제 남은 시간의 날씨는 청람晴嵐이라고 정의하고 싶다. 맑고 깨끗하게 갬이다.

마침 형과 비슷한 시기에 광고인 생활을 시작했고, 5년 먼저 광고업계를 떠나 밖에서 객관적으로 바라보는 식견도 갖추었으니, 30년 광고인의 생활이란 것이 얼마나 폭풍과 같은 시간이었는지 이해할 수 있다.

디지털과 스마트 모바일 쓰나미가 몰아 닥치면서 요즘의 광고업계는 한 치를 내다 보기 힘든 혼돈의 시대를 접어 들었다고 한다. 그러나, 무에서 유를 창조하겠다는 정신으로 살아온 광고업계 선배의 평생 생각을 정리한 이 작은 책은 한편 우리에게 지혜와 또 다른 가능성을 열어 줄 것이다.

우리 한 사람, 한 사람은 작은 우주를 갖고 있다고 생각한다. 시와 달을 벗삼아 구름에 달 가듯이 광고의 바다를 건너온 형의 세상은 생명이 꿈틀거리고 항상 청람한 아름답고 건강한 우주일 거라고 생각한다.

그간의 짧은 인연으로 부족하나마 여는 글을 쓰게 된 갑작스런 영광에 감사하며, 30년을 한 획을 정리한 형에게 아낌없는 존경과 경외의 박수를 보낸다.

형, 환한 달빛아래 차 한잔 마시며, 시 한 수 주고 받아 봅시다.

2012.6.30. 국수리 창공홀에서
구산 박정래

1장

상어의 꿈

序詩 서시

晩秋만추의 고추잠자리는 求道者구도자의 길을 걷는다

홍합 파는 할머니의 작은 세계가 있다

잉어가 벽오동을 타고 오른다

常綠상록의 그대들이여 젊음을 꽃피우라

낡은 외투를 입은 라보엠의 철학자

봄비는 너의 눈물로 나의 등을 적신다

달1 _ 소래驛역을 향해 水仁線수인선이 달린다

달2 _ 하이데거의 길을 등불로 밝혀주다

달3 _ 코스모스 가을 찬바람에 목이 시리다

달4 _ 대보름 달빛아래 악동들이 圓舞원무의 춤을 춘다

죽은 소녀의 환희가 음악처럼 빛난다

마지막 숨결까지 다 주시다

往十里 四季왕십리 사계

나는 아직도 상어와 싸우는 꿈을 꾸고 있다

序詩 서시

/

비처럼
시가 내려 준다면
난,
맨손으로라도
바위에 글을 새기렵니다.

갈대처럼
思索사색이 손을 흔들며
지평선으로 달려가면
난,
부끄러운 마음을
한마당 멍석 위에
붉은 고추마냥 늘어 놓구선
자랑스러이
가을의 태양을 맞겠습니다.

晩秋 만추의 고추 잠자리는 求道者 구도자의 길을 걷는다

/

늦가을 해질 녘,
팽팽한 전깃줄 위에
수녀의 행렬.

모자이크 장식된
성당의 창문처럼
눈빛에 가득 고인
성모 마리아.

대지와 가지런히
몸을 가누고
마지막 지는 태양에
익어가는 고추인양,

가을 연못,
수많은 예수를
잉태하려

해질 녘,
팽팽한 전깃줄 위에
수녀의 행렬.

| 김민혜, 〈잠기다〉

홍합 파는 할머니의 작은 세계가 있다

/

농대 후문 돌아
외진 모퉁이,
외로운 할머니의 작은 세계가 있다.

계절을 담은 소주잔은
단풍에 곱게 물들어 가고
구수한 내음의 홍합은
구공탄 위에서 붉게 익어간다.

소복이 쌓여가는 시간의 흐름에
홍합의 殘骸잔해는 하나, 둘 불어나고
빈 술병에는
술꾼들의 정담이 넘쳐난다.

작은 세계,
여군주의 쪼그라진 얼굴에는
빨간 연탄불의 꽃다발이 걸리고
남은 삶의 연민이
검은 밤의 두리 속에
희망을 찾는다.
이제,
밤을 쫓는 무리들의 눈동자는
에탄올에 잠긴 포도 알이 되어가고
바다를 그리는 홍합들의 기도문은
조용히 타올라
할머니의 주름에 얽히운다.

잉어가 벽오동을 타고 오른다

/

지난 밤
꿈에 보았던
잉어가
下午하오의 하늘을 덮고

간간이
떨어져 나간
비늘이
벽오동 가지에
누렇게 붙어있다.

| 김민지, 〈나를 위로하던 봄의 속삭임〉

常綠상록의 그대들이여 젊음을 꽃피우라

/

푸른 마음에 싹을 내어
젊음을 꽃 피우라.
그대!
사랑의 정열로 다가오는 모든 이들을 품으라.
진실된 눈으로 진리를 밝히고
자유함을 가지라.
가득한 그릇에 또한 가득함이 있도록
비움이 있으라.
가난한 자, 눌린 자, 신음하는 자,…
 그대 잔의 가득함으로 이들을 채우라.
빈 마음의 그대에게 항상 가득함이 있으리라.
할 일 많은 이 땅 위에 태어난 행복을 누린 자여,
아! 그대를 잊지 못해
먼 훗날 찾아 오는 이 있어
그대 마음에 영광의 잔을 부으리라.

낡은 외투를 입은 라보엠의 철학자

감자는 고구마 보다 왠지 투박하고 소박하여
고향 마을 사는 순이의 마음 빛깔을 갖고 있다.
속이 다 비칠 듯 투명하여
몹시도 추운 겨울 날의 땅 빛깔을 갖고 있다.
온갖 고뇌는 자기 혼자 간직하고 겨울을 보낸다.
울퉁불퉁 모가 나도 새 봄이 오면 새싹을 틔우며
낡은 갈색 외투를 갈아입는 라보엠의 철학자.

| 김민혜, 〈세시오십이분〉

봄비는 너의 눈물로 나의 등을 적신다

/

보슬보슬 내리는 봄비는

아무도 모르게

다정한 손길마냥

나의 등을 두드려

함초롬히 젖고 보면

너의 눈물.

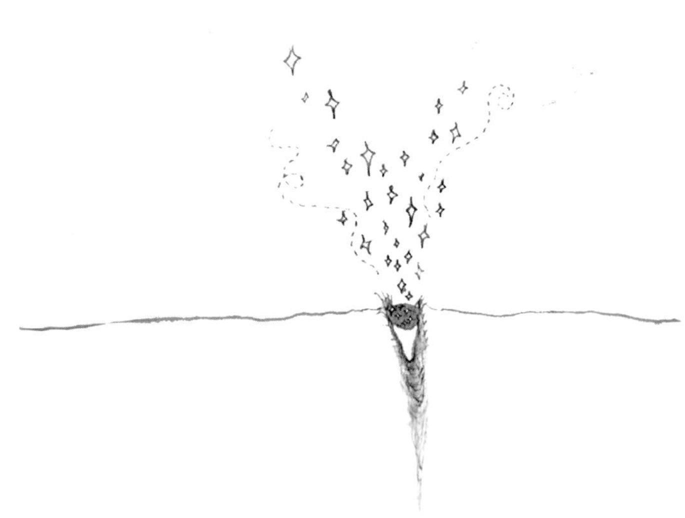

| 김민혜, 〈눈 속에 별〉

달1

— 소래驛역을 향해 水仁線수인선이 달린다 —

/

수인선 狹軌列車협궤열차가 "뽀-옥! 뽀-옥!" 기적을 울리며
수평선 너머 갯마을 쪽으로 멀리 사라져 갈 때,
유난히 덜컹대는 세 칸짜리 협궤열차의 마지막 칸에서는
한 낮의 풍경을 담은 화폭 위에 안주를 올려놓고
한 잔의 술을 마신다.
소래역 선술집에서 한껏 먹던 게 냄새가 트림으로 올라오고
신발에 덕지덕지 붙은 개펄의 흙 냄새가 비릿하게 코를 스쳐간다.
밤이 깊어 갈수록 기차는 뒤로 뒤로 조그만 나무신발을
자꾸 벗어 던지며 달려가고
어선의 돛대 위에 걸터 앉아 있다가
어느새 차창 밖으로 쫓아온 그대는 여섯!
하나, 둘, 둘, 하나!
차창 밖, 정다운 벗의 두 눈동자, 두 알의 안경, 술잔 위의 그대,
무척이나 아늑하게 느껴지는 그대의 품.
먼 은하의 아늑한 그대의 잠자리로 함께 떠나고 싶다.
사랑하는 나의 친구여!

달2

— 하이데거의 길을 등불로 밝혀주다 —

/

구름 없는 밤이면 우거진 소나무 숲 위로 떠올라
잔잔한 물결의 비단을 깔고 思索者사색자를 반겨주는 그대!
농대 연습림 속 곳곳에서 들려오는 생명의 호흡이
짙은 흙 냄새로 온 몸에 스미어 들면
벅찬 가슴 가눌 길 없어 검은 밤하늘에 소리쳐 불러본다.
"아!…아! 생명을 주신 자여!"
소주에 적신 발걸음을 휘적이며 돌아오는 길목에
영락없이 등불을 밝혀주는
둘도 없는 내 친구여!

달3

— 코스모스 가을 찬바람에 목이 시리다 —

스산한 바람이 불고 나뭇가지에 가을이 걸려 있다.
세숫대야에 담긴 손끝이 시려온다.
한여름 무대 위 어릿광대의 놀이가 끝나고
잔잔한 박수소리가 앞뜰의 낙엽으로 뒹군다.
담장 너머로 고즈넉이 찾아 드는 가을 달빛 아래
몸을 뒤척이는 이파리 사이로 과거를 되뇌인다.
팽팽히 당겨진 바이올린의 선위로
활이 달리며 흩뿌린 송진가루인양,
뽀얀 추억이 어두운 창을 밝게 비추인다.
산과 산이 깊은 밤으로 이어지고
번데기의 과거를 잊은 나방이
가을의 길목에서 방황을 할 때
고외선 길가에 선 코스모스,
가을 찬바람에 목이 시리다.

| 김민혜, 〈웅크린 순이〉

달4

— 대보름 달빛아래 악동들이 圓舞원무의 춤을 춘다 —

/

대보름 달빛 아래로 달동네 쪽방 촌이 숨을 죽일 때
순박한 아이들을 위한 이 세상 둘도 없는 축제가 열린다.
재개발 공사장에 널려져 있는 찌그러진 깡통의 못 구멍 사이로
불똥이 튄다.
"휘—잉, 휘—잉" 때묻는 손가락으로 달님의 축제는 돌아가고
각박한 도회지 산동네에는 악동들의 圓舞원무의 불놀이가
돌아간다.
사물놀이 보다 더 신나는 한 밤의 풍물놀이가 펼쳐진다.
동심의 세계는 풍선처럼 부풀어 오르고
악동들은 보름달과 어우러져 하나가 된다.
가슴팍으로 여미어 드는 숨결이 무척이나 뜨겁게 느껴지면
달동네의 쥐불놀이는 검은 밤의 두리 속으로 깊이 잠기어 간다.

죽은 소녀의 환희가 음악처럼 들린다

/

북극의 안개가 자욱이 내리면
멀리 저승처럼 다가오는 마을의 길 위에는
괴로운 몸짓으로 신음하는 나무가 자라고
한 점 햇빛 비추인 언덕의 무덤가엔
失戀실연으로 죽은 소녀의 환희가 음악처럼 들린다.

해파리처럼 시들어 가는 도시의 하늘위로
나의 아우성은 장대 끝에 매달린 채로 허우적거리고
태양이 숨어버린 밤을 찾는 무리들의 행렬은
선술집 골목길로 접어든다.
괴괴한 방 내음이 도시에 깔리고
비릿한 살 내음이 골목길에 흩어지면
感傷감상은 기차처럼 철둑길을 달리고
匕首비수를 입에 문 여인의 손에는 하얀 장갑이 빛난다.

장돌뱅이의 구성진 가락이 길가에 울려 퍼지면
헤픈 웃음을 웃으며 찢겨진 삶의 옷자락을 들친
굶주린 여인들은 가면을 쓰고
막이 오른 무대로 나아와 회색의 담벽에 몸을 기댄다.
뼈 속에 냉기가 가득 차고 멀리 얼음 성이 쌓아지면
苦酒網太고주망태가 된 자들의 축제가 열리고
낡은 외투 속으로 겨울이 지나간다.

여인의 혀 놀림에 수 만개의 얼음궁전이 세워지고
초점 잃은 눈동자에 정열이 드리울 때
새로운 사랑의 태양이 중천에 떠오르면
이미 얼음궁전은 녹아 내린다.

여인의 순수한 정열이 담긴 도화지는 구겨져 버리고
방황하는 소년의 幻影환영은 여인의 창틀에 창호지처럼
발리고 높은 산 계곡 둥지 속의 새가 알을 까고
푸른 하늘을 꿈꿀 때 산들은 눈알을 희번덕이며 주시한다.
무덤에서 갓나온 여인은 두 눈을 빼내어
핏빛 포도주병에 담그고
얼굴에는 죽은 남자의 재가 발리어 있다.

| 김민혜, 〈giggle〉

검은 장미를 든 흰 장갑에는 메마른 가시에 찔려
붉은 색의 피가 배이고
여인의 모습은 초상화처럼 벽에 걸려있다.
그녀는 죽어 무덤에 묻히고 죽음과 여인은 환희인양
俗人속인들의 이빨처럼 빛나고
대낮 광대놀음에 失笑실소를 머금는다.

| 김민혜, 〈gray shell 석고 고무줄 가변설치〉

마지막 숨결까지 다 주시다

고난의 언덕,
예수 그리스도는 한 겹의 옷을 입으시고
난,
열두겹 보다 더한 껍질로 싸여.

로마 병정의 창 끝에 찢기어
한 꺼풀 천마저 버리시고
난,
서슬 퍼런 망나니의 칼날도 당하지 못할
열두겹 갑옷 속으로.

숨결처럼 따사로운
사랑의 몸짓으로 다가오시며
난,
태양의 열기도 뚫지 못할 갑각류가 되어.

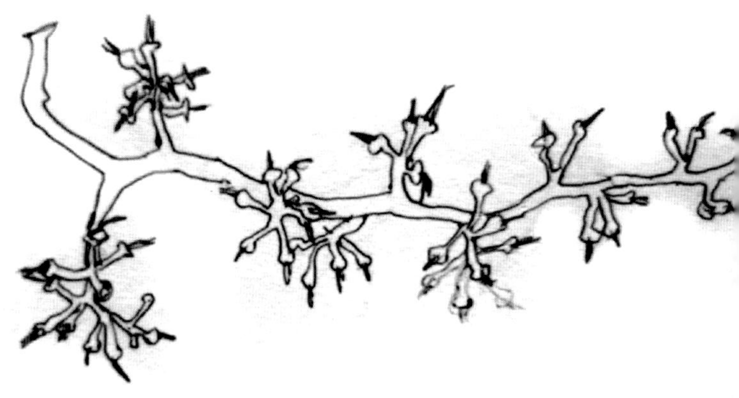

골고다 언덕,

예수 그리스도.

한 꺼풀 옷마저 찢기고

마지막 숨결까지

다 주시다.

옷을 벗지 못하는 날 위하여.

| 김민혜, 〈포도가지〉

| 김민지, 〈불안한 눈〉

往十里 四季 왕십리 사계

/

살꽃이 다리,

그냥 늘 부르듯 살구지 다리 아래로

한강이 흐르고

왕십리가 지나간다.

뚝섬을 바라다 보며

비스듬히 가로누운 뚝 길 위로는 인적이 드물고

파아란 하늘 위로 솟아 오르는

뭉게구름 아래로

뱃사공은 한가로이 노를 젓는다.

때마침 매미 우는 숲 속으로

뚝섬을 향해 기동차가 달린다.

"찌르르, 찌르르" 울어대는 여치와 찌르레기 소리엔
짙은 풀 내음이 가득 배어나고
마알간 물가로 송사리 떼 지날 때
발가벗은 악동들이 신나게 물장구를 친다.
순식간에 시커먼 먹구름이 하늘을 덮고 소낙비가 쏟아진다.
찢어진 비닐우산 아래로 쏟아지는
빗줄기는 흙 빛 짙은 물 고랑을 이루고
고단한 하루를 보낸 아이들은 대청마루
할머니 무릎 위에서 잠이 든다.
어디선가 마을 아낙네의 홍두깨 치는 소리에
머얼리 여름이 간다.

수도자의 행렬처럼 줄지어 앉은 빨간 고추잠자리들이
해바라기 잎새 위에서 午睡오수를 즐긴다.
"뚠두라! 뚠두라!" 악동들이 짱아 쫓는 소리에
살구지 다리 아래로 지나는 샛강의 반짝이는 물결은
포프라 가지 위에서 은빛 갈치의 비늘보다 아름답게 빛난다.
뒷동산 교회당 너머로 이름없는 무덤가엔
코스모스 웃음들이 가는 목 줄기 위로 하얗게 부서진다.

가지 밭, 들깨 밭, 수수밭, 갈대밭 사이로
넝쿨마다 매어 달린 포도송이를 바라보며 빛나는
까만 눈동자들은 골목대장 신호에 따라 재빠르게 움직인다.
멀리서 알아챈 밭주인이 호통을 칠 때,
서리꾼들의 발걸음은 빨라진다.
남자아이들은 구슬치기, 땅따먹기, 망마청마, 말타기,
여자아이들은 고무줄 넘기, 술래잡기에 배고픈 줄 모르고
해질 녘, 황혼처럼 가을이 지날 때
엄마들 외치는 소리
"얘들아, 저녁 먹어라!"
어느덧 한가윗날 동산에는 구멍 낸 찌그러진 깡통들이
"휘―잉, 휘―잉" 횃불처럼 돌아가고
새까매진 얼굴과 콧구멍에 눈동자들은 반딧불처럼
유난히 반짝인다.
골목대장들의 지휘에 따라 일사불란하게
움직이는 동네끼리 아이들 편싸움하는 소리에
가을 밤은 깊어만 간다.

| 김정우, 〈남한산성〉

한양대 기찻길 굴다리를 지나는 뚝방길 아래로 펼쳐진
미나리깡 위에서 콧등과 볼때기는 탱자처럼 얼어붙은
아이들이 마냥 신이 나게 썰매를 탄다.
저녁 무렵이면 왕십리 신작로엔 하나 둘씩 포장마차들이
모여들고 호떡 굽는 냄새와 오징어 굽는 냄새, 군밤내음이
가득이 퍼진다. 삶에 지쳐 술 한잔 진하게 걸치고
집으로 돌아오는 아버지들의 딸꾹질 소리에 화답하듯
깊은 밤이면 외쳐대는 "메미-일묵! 찹싸-알떡!" 소리에
겨울이 깊어간다.
잃어버린 시대에 잊을 수 없는 아름다운 것들,
뼛속 깊이 사무치는 왕십리 정취,
凍土동토가 녹고 얼었던 마음들이 풀리는 날에
태양이 빛나는 찬란한 나라에서
너, 往十里왕십리 환희의 봄을 맞이 하리라.

나는 아직도 상어와 싸우는 꿈을 꾸고 있다

/

邪念사념의 덩어리가
영혼에 침투하던 날부터
오늘은 사라져 가고
내일만이 한 걸음 앞에서
계속 달음질 친다.

어디로 향하는 걸까.
욕망의 숲에 가리운 나의 손짓은
끊임없이 발길을 재촉하고
지난 세계를 맴돌고 있는 독수리는
날카로운 부리로
그림자뿐인 자의 屍身시신을 쪼아 먹는다.

이미 없는 육체를 뜯긴 자는
아직 없는 세계에 영혼을 팔고
오지 않을 환상의 나래에 몸을 싣고
홀로 기인 여행을 떠난다.

흐름을 망각한 물고기는
밤이 낮이러니 낮이 밤이러니
고쳐져야 할 난간은 내 버려진 채
밝혀져야 할 외등은 꺼진 채
먼 나라에서 흐름을 찾기 위해
몸에 균열을 느끼며 흐름에 적응하고자
낮이 밤이러니 밤이 낮이러니
부서진 몸 조각을 쌓아 난간을 세우고
몸을 태워 외등을 밝히고
나는 아직도 상어와 싸우는 꿈을 꾸고 있다.

| 김민지, 〈운명이라는 벽 앞에 허무하게 무너지는 나를 발견하다〉

기상 나팔

2장

병사의 敍事詩서사시 1

— 入營前夜입영전야 —

/

산 모퉁이 양지 곁 냇물로 홍수가 졌다.

산아래 마을 절반이 잠기고 사방에서 아우성친다.

새 봄날이 먼데 긴 장마는 이제 시작이다.

어둠이 내려 온 동네를 덮으면

논두렁 개구락지들은 소곤소곤 과거를 이야기 한다.

흐름을 잃었다.

시간과 공간 이미 나의 것은 아무것도 없다.

모르는 세계로 버려진 것이다.

| 김민혜, 〈지는 꽃 죽은 벌〉

병사의 敍事詩서사시 2
— 監的手감적수는 다람쥐보다 빠르게 뛰어나가곤 했다 —

/

언제부터인가 옥색의 하늘을 사랑하게 되었다.
그건 총성이 울리고 호루라기 소리 날리는
바람 부는 가을이었다.
사격장의 하오는 더욱 요란해졌고
하얀 피 흘리는 표적은 눈물을 흘리지 않았다.
이미 굳어 버린 심장은 벌집 구멍이 되어 버렸지만
녹아 내리지 않았다.
옥색의 하늘 아래서였다.
휘파람 소리 마냥,
탄환이 포물선의 꼬리를 흔들며 날아갈 때
콩알만해진 심장을 부둥켜 안고
머리보다 단단한 바위 뒤에 숨어 기다려야 했다.
호루라기 소리 날리고 빨간 깃발이 흔들리면
다람쥐보다 재빠르게 뛰어나가곤 했다.
감적수!
그건 가을 옥색의 하늘 아래서였다.

병사의 敍事詩서사시 3
— 병사의 슬픔은 워커끈의 끝에서부터 온다 —

병사의 슬픔은 워커끈의 끝에서부터 온다.
기상나팔이 울리면
머리털에서 발끝까지 숨결이 뛴다.
태양은 달이 떠오른 곳에서 떠오르고
달이 진 곳으로 달려간다.
땡볕,
메마른 대지 위엔
긴 행군의 발자국이 남고
태양이 깃든 소나무 숲 宿營地숙영지에는
온종일 시달린 워커끈의 끝에도 휴식이 온다.
평화와 어둠은 밤새 부둥켜 안고
병사는 고향을 찾아간다.
꿈은 슬픔으로 돋아나
달이 떠오른 들판에 이슬로 피어난다.
달이 떠오른 곳에서 태양은 떠오르고
병사의 슬픔은 워커끈의 끝에서부터 온다.

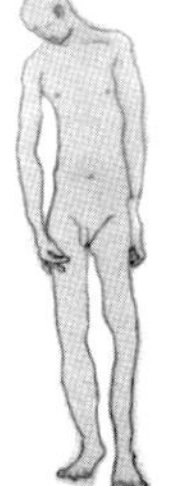

| 김민혜, 〈선채로 잠이 든 사람〉

병사의 敍事詩서사시 4

— 빠삐용 바위는 자유에 목마른 이들을 기다린다 —

앉기에 꼭 알맞은 크기의 바위가 있다.

잔밥통 옆에 두 발자국만치 떨어진 곳에 있다.

풀 숲에 숨어 언제나 찾아주는 이를 기다리고 있다.

막사 울타리 안에 점처럼 작은 공간을 차지할 뿐이지만

자유에 목마른 이들을 기다리고 있다.

그 곳에 앉으면 산 아래의 모든 풍경이 그림처럼 보인다.

메마른 억새풀을 비껴 구름이 날린다.

계곡 사이 후미진 곳에는 호수가 보인다.

수면 위로는 늘 구름의 그림자가 반쯤 떠 다닌다.

호수는 휴식처럼 누워있다.

틈 나는 대로,

밝은 태양 아래서나 안개 속,

칠흑 같은 밤,

남풍이 불 때나 북풍이 불 때나
어느 계절 속에서도
호수가 보이는 공간에는
늘 자유의 깃발이 날리고
껍질을 벗은 자유인의 혼은 빠삐용처럼 용감하게
파도 치는 바다로 몸을 날렸다.

병사의 敍事詩서사시 5
─ 야간 보초는 고향집 어머니를 찾아간다 ─

/

카프카의 성을 향하여 K씨는 방황을 하고
아스라이 노을이 지는 열대의 사막에는
어린 왕자의 그림자가 들국화의 殘影잔영처럼 비추인다.
우뚝 솟은 막사 굴뚝의 구멍으로는
짙은 겨울 밤이 찾아 들고
하얀 눈의 투명 속으로 푸른 달과 푸른 별이 달리는 계절,
계곡을 가로지른 철조망의 틈새로
어느덧 겨울은 살을 에는 바람으로 다가온다.
초소너머 산자락,
노루는 슬픈 모습으로 잠이 들고
막사 안 온갖 이야기와 숨결은
겨울 땅 속으로 깊이 깊이 스미어 든다.
휘파람 소리처럼 날카로운 냉기의 공간으로
어머니의 눈빛이 따사로운 숨결로 다가오는
유난히 그런 밤이면,
思索사색은 유성처럼 빗기어
어느 산마을 초가사랑에 깃을 접는다.

병사의 敍事詩서사시 6

— 올빼미의 푸른 날개가 움터온다 —

/

올빼미 156!
이마와 가슴에는 번호만이 주어진다.
인간이 아니다.
펄펄 날아 다니는 날짐승도 아니다.
고통의 한계상황 속에서
이슬로 사라져도 흔적도 남길 수 없는 존재일 뿐,
붉은 태양 아래 긴 혀를 내어 놓고
한 모금의 물과 한 숟가락의 소금을 삼키고
소낙비 오면 흙탕물에 몸을 뒹구는 유격대
칠흑의 밤,
죽음의 계곡을 지나 공간을 가르며
외줄, 두줄, 세 줄의 줄타기를 하고
바위 벽을 오르며 내리며 가쁜 숨을 몰아 쉬어도
겨드랑이 밑,
날개가 돋는 것을 느끼지 못한다.
깊은 밤 풀숲,
각다귀와 모기들은 땀 내음을 찾아 날아들고

새벽녘 싸늘한 공기가 목을 적셔도
올빼미, 그는 날지 못한다.
그래도 자유를 위해 자유를 빼앗긴 올빼미는
서러운 줄 모른다.
여러 날이 지나고 달이 흐르는 어느 깊은 밤,
국방색 텐트 속엔 등잔의 심지가 하얀색 희망으로 돋아나고
곤한 숨소리가 호루라기 소리처럼 들릴 때,
조용한 몸짓으로 움터온다,
푸른 날개가.

병사의 敍事詩서사시 7
— 나팔수는 전쟁과 평화를 가리지 않고 나팔을 불었다 —

/

북아메리카,

인디언과 기병대가 싸움을 하던 때부터

나팔을 불었다.

인간의 발자국이 스며든 곳마다

전쟁과 평화는 형제처럼 따라와

나팔을 불면

때론 싸우고, 때론 밭을 일구었다.

긴 세월이 흘러

앰프가 설치되고 스피커가 울리면서

나팔은 입김조차 낼 수 없고

목메어 불러도 불리지 않았다.

돌덩이 대신 포탄이 날고

말 대신 전차가

비둘기 대신 전투기가 날자

전쟁은 평화를 잃고 절뚝거리며

진주만에서 노르망디로

38선을 넘어 인도지나로

중동에서 남미로

홀로 먼 여행을 떠나던 어느 여름날,
무더위 속 쓰레기 더미 위로 고개를 내밀다
우연히 발치에 걸려든 구릿빛 나팔.
나팔은 엿장수에게 팔려갔지만
궂은 날이면 나팔수는 나팔을 불었다.
아파치가 몰려오는 들판을 향해
잃어버린 평화를 그리며.

석양은 난파선 선장의 분노로 나부낀다.

황금빛 인어가 바다를 덮고
조각처럼 부서진 비늘이 바람에 날리면
난파선 선장의 찢겨진 자부심은
붉은 분노로 나부낀다.

| 김민혜, 〈새벽하늘〉

무등아래 너 장엄한 도시여

/

무등 아래로 너 장엄한 도시여!
너의 맥박이 하늘을 진동하고
구름을 가르는 햇살 속으로
꺾아지른 능선을 따라
너의 숨결이 숨가쁘게 고동친다.

누가 너의 영혼을 흔들어 깨웠는가,
누가 너의 영혼을 마다했는가,
아, 장엄한 도시여!
흙 한줌, 풀 한 포기, 돌 뿌리 하나
천 년의 인고로 도시의 맥박을 잇는다.

그 누구 붓을 드는 자 있어
한 폭의 풍속도를 이 땅 위에 그렸는가,
프로메테우스의 영들아
그대들 횃불을 밝히어라.

멈추지 않는 발걸음 재촉하여 돌을 굴려라.
먹구름장을 헤치고 날아드는 태양의 나라를 향해
생의 교향악을 울려라.
너, 장엄한 도시여!

무등산 자락에 억새풀은 휘날리고

/

오늘,

너의 얼굴은

너무도 창백하여

투명하기까지 했다.

立石斷想입석단상

/

한 구비 비껴 도니 층암이 절로 괴어
기나긴 풍상을 마디마디 간직하고
나그네 설움마냥 우뚝 솟은 입석대여.

동녘에 해 오르면 바위 위로 솟아 올라
석양 노을 뿌리우며 낙타 봉 넘어갈 때
한 줄기 비껴 든 볕에 너의 얼굴 비추인다.

옛적에 넘나들던 암행어사 나리들이
쉬어 넘는 바위 벽에 새겨놓은 시귀절들
수백 년 세월이 가도 감회가 새롭구나.

盃山맹산에 올라

송전선이 줄지어 달려가는 들판으로
바람이 분다
裡里이리의 심장을 부둥켜 안은 젖가슴은
旗手기수처럼 우뚝 선채로
너른 벌판에 고동치는 맥박을 뿌리운다
뜨거운 살결로 부대끼는 논두렁의 숨결 속으로
간간이 섞여 부는 실낱 같은 찬기의 바다내음
하늘이 입맞추는 벌판에는
한여름 벼 이삭이 패여 간다

3장

상어 복어 되다

샐러리맨 別曲별곡1

— 주섬주섬 봉투에 주어 담는다 —

/

샐러리맨의 자유는 태양이 준다.
태양의 미소는 해질 녘
빌딩의 사면을 따라 잔잔히 뿌리어 진다.
햇살을 실은 바람이 분다.
자유도 함께 날린다.
샐러리맨은 온종일 분해되었던 四肢사지를
주섬주섬 봉투에 주어 담는다.
집으로 향하는 발꿈치에 태양의 미소는
방울소리로 흔들린다.

샐러리맨 別曲별곡2
— 나의 피곤은 빨간 등이 꺼지지 않는다 —

이제 나에게 닥치는 피곤은 이미 적색신호를 보내고 있다.
무의식적 공포는 현실로 다가와 나를 잠식하고
나름 살아온 진실을 파괴한다.
다 허물어져 버릴 것 같은 막연한 두려움이
짙은 내음을 풍기며 온몸을 엄습한다.
나는 조용히 죽어가고 있다.

피로는 양쪽 등 허리에서부터 작전을 개시했다
금방 목 줄기를 타고 두 눈을 파고든다.
피로의 합동상륙작전이 전개된 것이다.
나 자신 외에는 아무도 모르게 나의 성벽은 그렇게 조금씩
허물어져 가고 있다.
상쾌한 아침을 맞이하리란 가느다란 실오라기의
주관적 희망 마저 포기해 버린 것도 이미 오래 전 일이다.

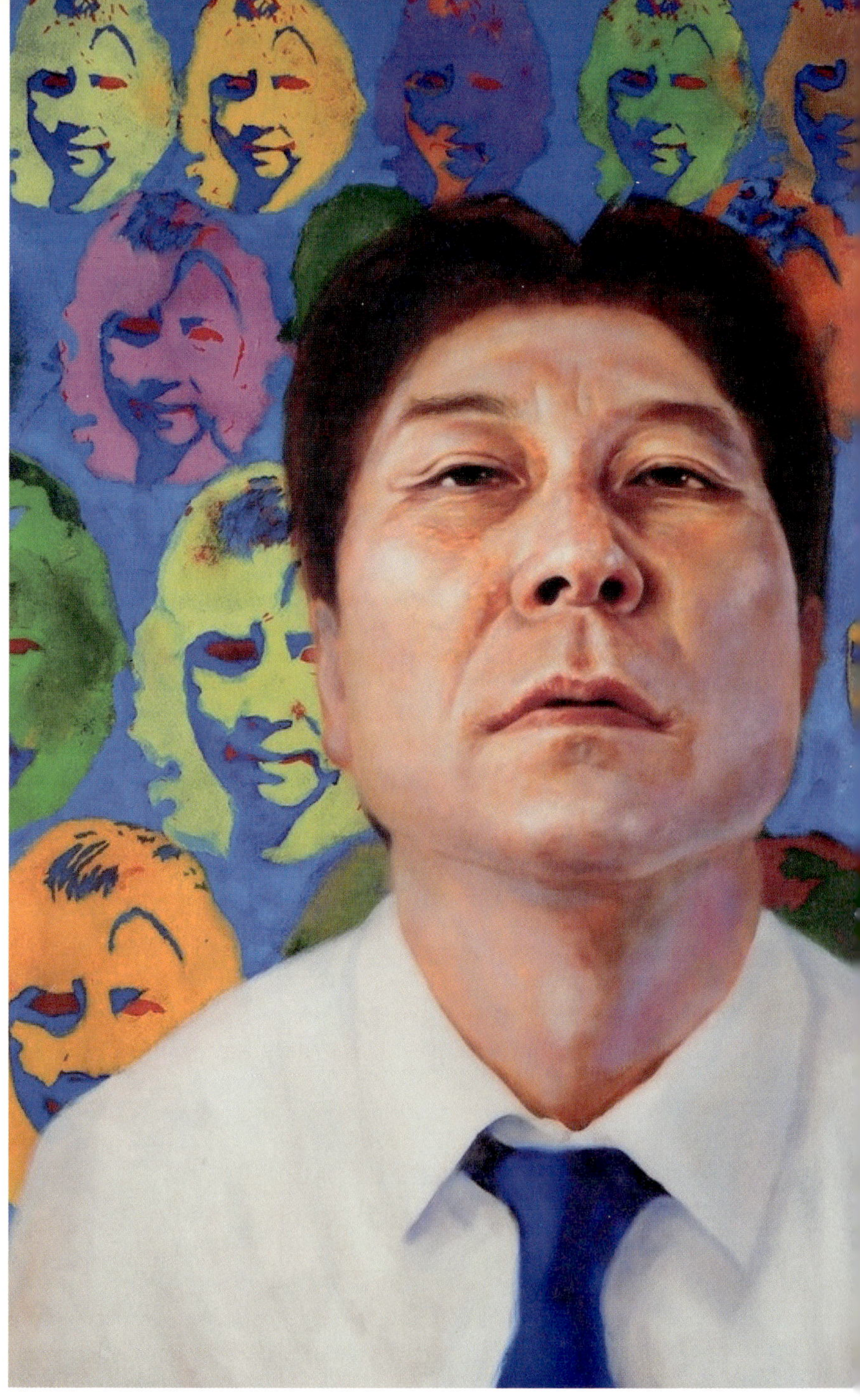

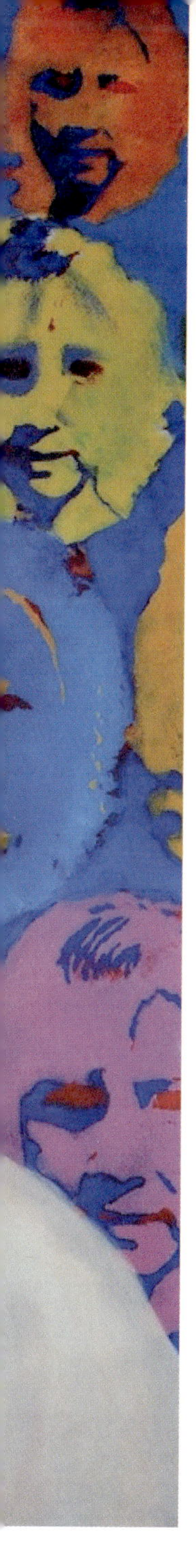

| 김민지, 〈a nagging person〉

샐러리맨 別曲별곡3
— 가자미 눈알로 바빠지는 퇴근시간 —

/

좌광우도,

입이 왼쪽이 있으면 광어이고

입이 오른쪽에 있으면 도다리인데,

석양이 질 무렵 태양이 63빌딩 황금빛에 반사되면

도대체 내 눈은 입도 아닌 것이 좌안우안으로

생선장수 도마 위에 가자미 눈알이 되어 버린다.

회전목마에 시달려 지친 몸뚱아리에는 어둠이

거머리처럼 질기게 달라 붙고

나는 피사의 사탑처럼 기울어져 간다.

눈도장을 찍어야 하는 퇴근시간,

벽시계는 유난히 크게 보이고

뒤 책상을 향한 안구 운동은 더욱 재빨라진다.

마치 동해안 오징어잡이 배 마냥 등불 올린 차량의 행렬이

비 내린 오후에서 저녁으로 이어지는 시간 속에 정체해 있다.

광화문에서 마포로 오구 가는 차량들이

비 내린 포도 위에 연등 행렬을 이룰 때면

빌딩 창 밖을 물끄러미 바라보며

다가오는 철야작업에 오늘 밤엔 집에 들어갈 수나 있을까.

| 김민혜, 〈feel better〉

샐러리맨 別曲별곡4

— 복어 배마냥 부풀어 버린 위선과 허구의 창자 —

/

자꾸만 마음 한 구석에 무언가 허물어지는 소리가 들린다
나 자신과의 처절한 투쟁은 계속되고
외부세계를 향한 상대적 논리는 풍선처럼 부풀며 비약되고 있다
빌딩의 한구석 방.
나에게 주어지는 자유의 공간은 실로 작다
마음의 여유가 잠식당하기 시작한 후
이제 남은 정신적 공간은 밟고 있는 사무실 방바닥 보다 작을지
모른다
참 삶의 길은 어디에서 나를 부르고 있는가
육체적 정신적으로 방기되어진 난 정말 방황의 터널에 던져지고
말았다
창조 없이 지나가 버리고 마는 시간은 이제 그 속도도 무섭다
왠지 곧 절벽 앞에 서 버릴 것만 같은 두려움이 불끈불끈 솟곤 한다
삶의 시간이란 기실 그다지 길지도 못한데
자만심에 가득 찬 시간은 복어 배 마냥 부풀어 버린 위선과 허구의
물체가 되어 버린다

| 김민혜, 〈아빠 넥타이 창자〉

| 김민지, 〈fantasy world〉

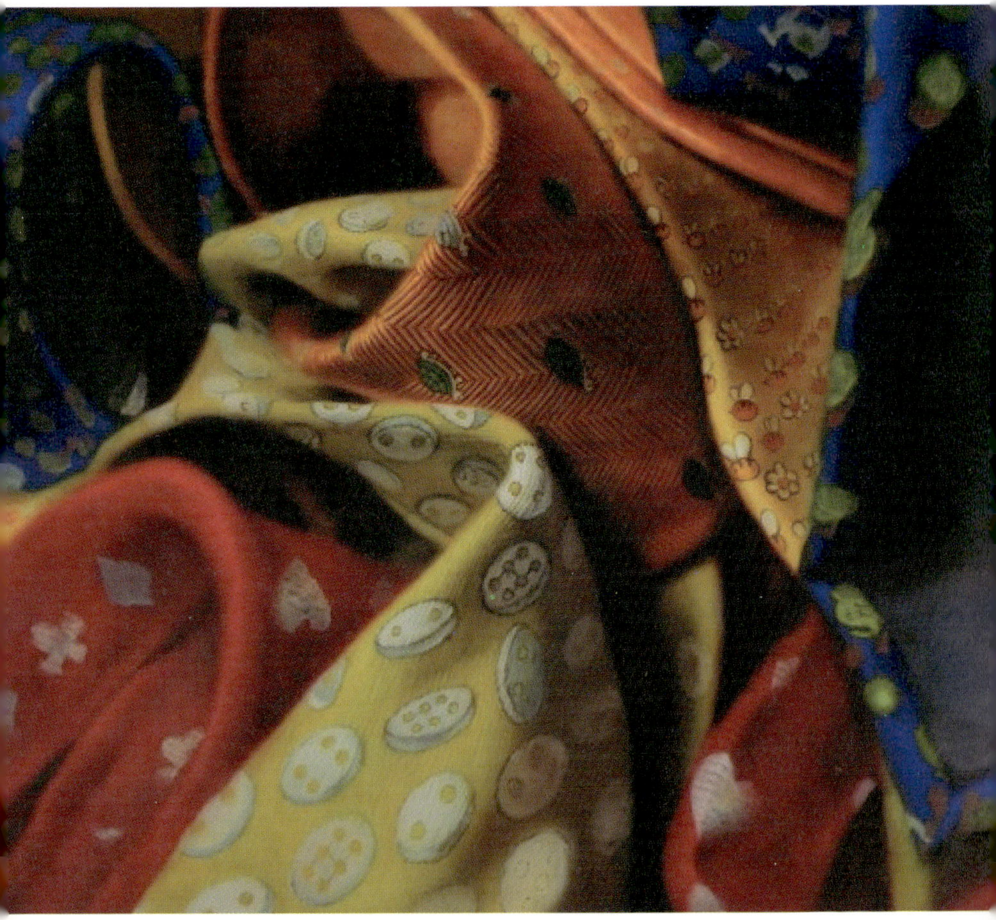

샐러리맨 別曲별곡5

—샐러리맨의 자유는 어디서 울고 있을까 —

/

고요히 자신으로 돌아가고픈 밤이 있다
혼란해진 머리 속의 쓰레기들을 훌훌 털어 버리고
순수한 것들로 가득 채우고픈 밤이다
하루 하루의 껍질을 되새김질처럼 내뱉어
나의 온 몸에 뒤집어 씌운다
마치 깨어지지 않을 법한 철갑 속으로
기어들어 가는 거다
다 벗어 팽겨쳐도 시원치 못할 처지에
自由는 어디서 울고 있을까

샐러리맨 別曲별곡6
— 거대한 빌딩 속에서 벽돌처럼 끼여 산다 —

/

직장생활을 하면서
난, 왜소한 인간이 되어
거대한 빌딩 속에서 마치 조그만 벽돌처럼 끼여 있다.

느낀다는 것은 살아 있다는 것,
피부가 숨을 쉬고 있으니까.
유난히 많은 활엽수 이파리가 낙엽이 되어 뒹구는 것을 보았다.
헝클어진 실밥처럼 실마리 조차도 찾기 힘들게 되어버린 생활

잃어 버릴 수도 없고 잃어 버려서도 안될 나의 소중한 자산이자
영혼의 샘물들은 지금 자꾸 손끝, 마음의 끝에서 멀어져만 간다.
신앙, 시, 문학, 바이올린, 음악, 사랑하는 벗들…
뜨거웠던 젊은 날의 마음의 여유들…
가장 안타까운 상실은 여유다.
자타가 공인하는 여유에 녹이 쓸기 시작했다.

자신을 잃어버려 가는 거다.

이젠 세상을 살아가는 많은 사람들의 상대적 가치관에

송두리째 몸을 날려 버렸다.

| 김민혜, 〈지시 권유 제안〉

샐러리맨 別曲별곡7

— 껍질 나와 속 나가 겉돌고 있다 —

/

껍질 나와 속 나가 겉돌고 있다.

나는 속에서 겉으로 움직이는 나를 본다.

정말 속절없이 살고 있는 나를 본다.

이제 열정과 꿈의 각질은 비늘처럼 떨어져 나간다.

생명의 조각들이 가을 바람에 낙엽처럼 너즈러이 뒹군다.

위험을 점점 두려워한다.

빨리 떨쳐 버리자.

나를 둘러싸는 저 장막의 안주함이여!

황야로 몰아세워야 한다.

내 자신을 살리는 그 길로.

이제 더 이상 내뱉지 않을 수 없는 그런 포화상태를 느낀다.

며칠 전 광화문에서 중곡동까지 3시간 넘게 차를 몰고 간 후,

도시의 마지막을 보는 것 같았다.

도시의 벼랑에 서서, 질식할 것 같은 사무실 안,

담배연기 자욱한 공기 속에서 더욱더 심하게 느껴지는 압박감은

불투명한 미래와 현재의 스트레스로 다가온다.

| 김민혜, 〈껍데기〉

샐러리맨 別曲별곡8

— 젖은 장작을 지피는 열정은 남아있다 —

/

변화는 자유스러우며 생활과 같은 것

푸른 바다를 향한 동경은 멈춤이 없이

늘 마음 한구석 파도로 일렁였다.

꿈처럼 떠다니는 방랑자.

이제 잃었던 모퉁이에 구겨 던져 버렸던 마음을

조용히 조심스레 펴보자.

오늘도 파도치는 바다를 향해 몸을 날리자.

잃었던 자신을 발견한 기쁨으로

뜨거운 감동이 정열처럼 솟구친다.

찾았다. 고향이 보인다.

다시금 나의 흔적이 피부에 와 닿는다

이제 시작이다.

잃어버린 시간, 자아를 찾아서, 시를 찾아서,

자유를 찾아서.

해가 떠오르는 의미도 새롭게 찾자.

30대의 시간은 성숙의 때.

무엇엔가 홀려 지낸듯한 직장생활에서 추구한 것은

지극히 세상적인 것들.
우습지만은 않게 느껴지는 사소한 일들이
이제 알게 모르게 思考의 씨앗이 된다.
새로운 삶, 세계를 향한 뜨거운 열정을
비에 젖은 장작 지피는 두 손 가득 고인 정성으로
피워야겠다.

| 김민혜, 〈세모〉

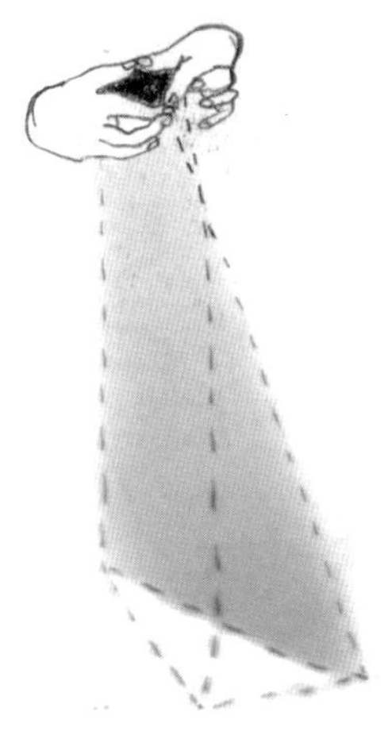

샐러리맨 別曲별곡 9
— 유엔 빌리지의 외로운 불빛, 니키타 —

/

한 여인이 서 있습니다.
시린 세월의 끝자락을 가늘고 긴 손으로
여미어 잡고
목이 길어 추운 날에도
함초롬한 자태의 갈대로 서 있습니다.

이제는 다 알 것만도 같은
삶도,
사랑도
용서의 길목에서
아직은 연민으로 남겨두었습니다.

한남동 유엔 빌리지에 밤이 내리고
니키타의 노란 불이 켜지면
분신처럼 다가오는
수많은 밤의 그림자 속으로
창백한 슬픔을 훌훌 벗어 던지고

긴 외로움이 환하게 부서져

안개꽃으로 날리는

영겁의 시간 속으로

여인은 밤을 접어 학이 되어 날아 갑니다.

눈꽃송이는 무수한 입맞춤으로 대지를 희롱한다

/

이제 나에게 남은 한 조각의 자존심처럼
두 손을 모아 하이얀 생명을 고이 정겹도록 받쳐든다.

때론 불볕의 무더위를 겪으며
기인 항로를 기항지 없이 헤메이어도
메마른 나의 가시나무 위에 하이얀 생명의 꽃이 피어난다

겨울 비 내리는 창 밖으로 슬픔은 씻겨 내리고
바이올린의 흐느낌으로 벽난로에서 피어난 눈꽃송이는
무수한 입맞춤으로 대지를 희롱한다.

| 김민혜, 〈꿈꾸는 꽃이불 위의 민지〉

바퀴는 쉬지 않고 눈물을 밟으며 세상을 돌리고 있다

/

세상은 온통 바퀴로 가득하다
커다란 바퀴 안에는 수많은 또 다른 바퀴가 돌고 있는 것이다
석기시대 이후 바퀴의 발견은 혁명이란 멋진 이름을 얻었다
靜정은 動동으로 변하고 껄끄러운 것은 매끄러워지기 시작했다
수레바퀴에 끼인 고단한 인생은 더욱 빠른 속도로 역사 속에서
돌고 있는 것이다.
시대마다 나타나는 이념의 날카로운 칼날은 바퀴 속에서
더욱 아프게 몸을 찔러댔다.
많은 눈물이 바퀴 자국을 따라 뿌려지고 지워졌다.
오늘도 바퀴는 쉬지 않고 눈물을 밟으며 세상을 돌리고 있다.

나의 흐느낌은 모래처럼 지워지지 않는다

모든 건 회오리바람에 날려가고
바람만이 공간의 벽이 되었다.
문명의 껍데기는 하데스(Hades)에 가라 앉고
영혼은 연기처럼 사라져 버렸다.
차라리 움직이는 것이 하나 없으면
그림처럼 육중한 공간에 나무 하나 심어 놓으련만
너는 맞은편 언덕에 묻혀
바람이 불면 일그러진 얼굴로 내편으로 다가오지만
난, 멀찌감치 흐느낌 없는 그림자 일뿐
모래처럼 지워지지 않는다.

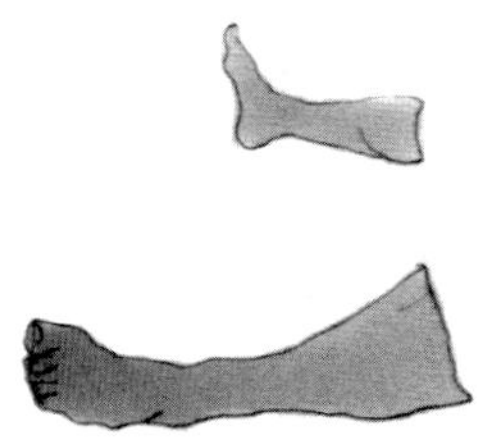

| 김민혜, 〈Kim〉

| 김민혜, 〈GODOK, 육송45X45X180〉

호수는 천 년을 숨쉬며 하늘을 바라보고 산다

후미진 골짜기 구석구석 얼어붙은 얼음들을
따쓰한 숨결로 후후 불며 얼굴을 씻고
봄을 기다린다.
무수한 빗방울의 그림자로 웃기도 하고 울기도 하며
다양한 표정의 얼굴을 만들어도
늘 하늘만을 바라보며 살아간다.
더운 여름날 먹구름장이 다가오면 소낙비를 그리워하고
계절이 바뀌 낙엽이 얼굴을 덮으면
입가의 미소로 흘려 보낸다.
겨울 철새가 오는 때면 얼굴을 예쁘게 단장해줄
하얀 눈을 그리워한다.
그래도 무엇보다 자신의 맨 얼굴을 가장 찬란하게
비춰주는 해질녘의 태양을 그리워한다.
그렇게 호수는 언제나 계곡자락 구비구비 빈 틈을
주지 않고 눌러 앉아
천 년을 숨쉬며 하늘을 바라보며 산다.

아내의 눈동자 속에는 보랏빛 호수가 보인다

/

아내의 눈동자 속에는 보랏빛 호수가 있다.
그 호수를 가만히 들여다 보구 있노라면
나의 부끄러운 모습이 맑게 비추이곤 한다.
두 다리를 쭉 뻗고
그 곳에 조용히 몸을 담그고 싶다.
칠흑같이 짙은 검은 머리 한 다발 담긴 호수 속에선
금방이라도 푸근한 잠이 올 것만 같다.
구들장 같이 따스한 온기가 나는 아내의 눈동자 속에
온 마음일랑 풀어 헤치고 가만히 눈을 감고 싶다.

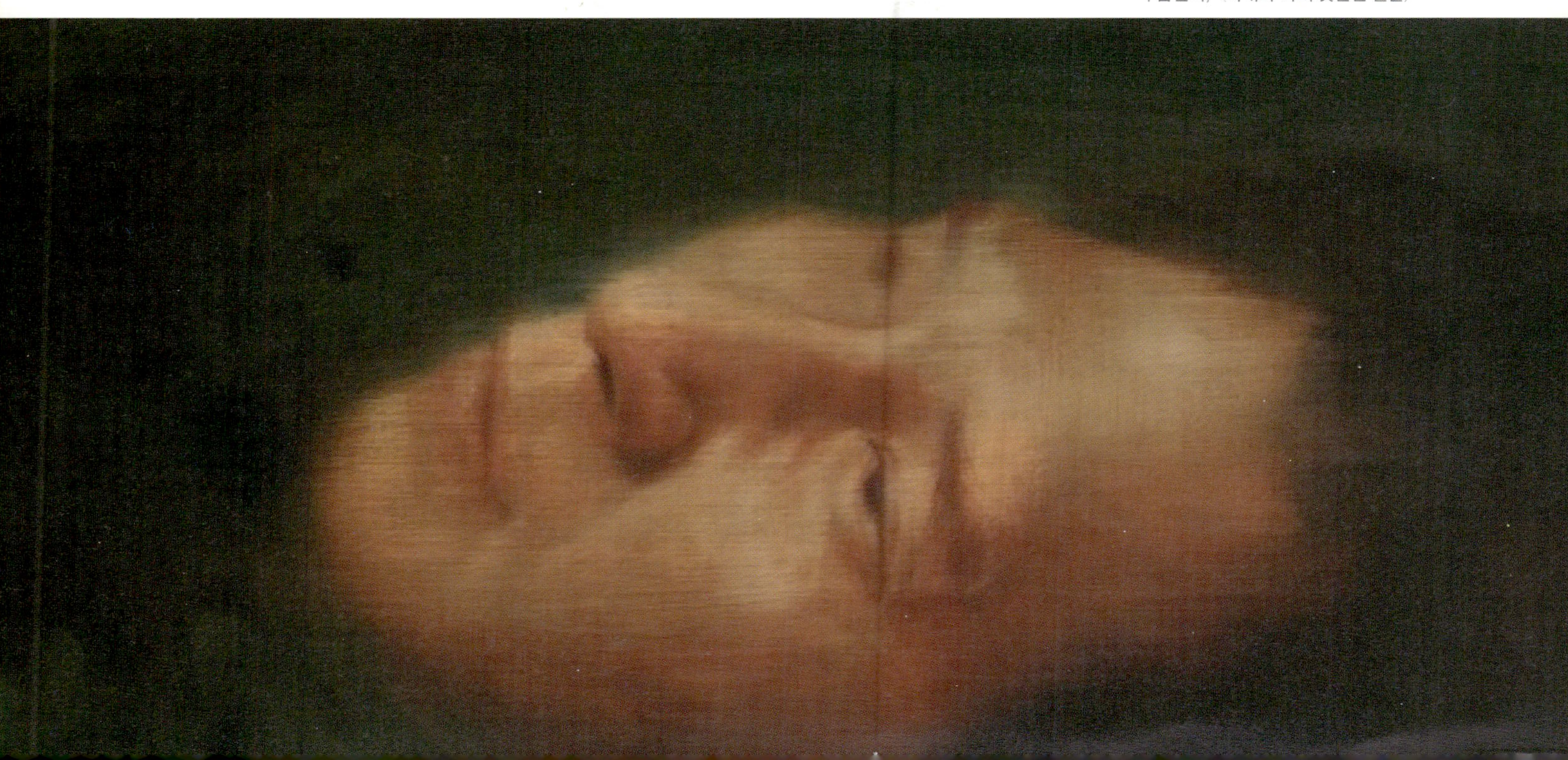

| 김민지, 〈아내와 나의 엇갈린 얼굴〉

소켓 콧구멍과 빈틈없는 엉덩이

/

큰 딸은 훤칠하게 길어가는 몸뚱이에 잘 생긴 앞이마를 가지고 있다.
빠끔한 두 눈 속에는 맑고 까만 눈동자가 비치고
엄마를 빼어닮은 소켓 콧구멍과 두 개의 볼우물 곁에는
언제나 뽀뽀해주고 싶은 예쁜 선을 가진 도톰한 입술이 있다.
사랑하는 큰 딸, 민혜의 몽따쥬.

둘째 딸은 붓 자국처럼 선명한 눈썹 아래로 그윽하고 깊은
까만 눈동자를 가지고 앞 짱구, 뒤 짱구 떠꺼머리 머슴애를 닮았다.
두 볼탱이는 알밤처럼 볼록하고 뾰족한 두 입술은 언제나 깨물고 싶다.
빈 틈 없이 살이 붙은 허벅지에 언니보다 더 큰 엉덩이를 가진
사랑하는 둘째 딸, 민지의 몽따쥬.

| 김정우, 〈어린이대공원에서 민혜와 민지〉

사랑방 한 개는 비워두렴

/

늘 방 한 개는 비워두렴.

나그네 쉬어갈 사랑방으로

숨쉴 공간이 없는 이 시대에

꽉 차지 않은 방으로 비워두렴.

누군가 묵고 갈 거야

누군가 울고 갈 거야

누군가 웃고 갈 거야

그냥 묵묵히 방 한 개는 비워두렴.

나그네가 묵고 갈 그런 방으로

| 김민지, 〈Harmony〉

안개는 백마처럼 달린다

/

큰 호흡을
장대 끝에 매어달고
머얼리 던진다

커다란 숨결을
논바닥에 뿌리우고
한껏 발돋움한다

저기 바람을 안고
달려가는 백마처럼
줄지어 달려가는 안개꽃들이여!

| 김민지, 〈안개는 백마처럼 달린다〉

너의 영혼을 동경하다

/

호두보다 단단한 껍질 속에는
너의 숨결이 숨어 영혼을 동경한다.
번뜩이는 진실의 순간은
거미가 자아낸 실로 엮어져
새벽이슬처럼 맑고 투명하게
웃음짓는다.

알타미라 동굴에서 우주선까지
영혼은 영원으로 이어지고
도회지를 지나
논두렁 밭고랑을 거쳐
대지는 물기를 머금고
너의 흐느낌은 여울이 되어
땀으로 눈물로
웃음짓는다.

| 김민혜, 〈IMAGINE〉

우리는 나이아가라 폭포처럼 쏟아져 내린다

/

두부 모 썰 듯, 뚝 잘려진 대륙의 골 아래로
유유히 흐르던 강물이 질풍처럼 내리치며
거대한 굉음과 물보라를 뿌린다.
대륙에서 대륙으로 떨어지는 생명의 줄기,
신이 주신 장대한 선물이다.

미국 쪽에서 보는 나이아가라는 미인의 옆모습을 보는 것 같고,
캐나다 쪽에서 보는 나이아가라는 그녀의 온 몸과 머리털에서
발끝까지를 전면에서 보는 듯한 황홀 감을 준다.
나이아가라 곁에 캐나다로 이어진 정원에는 따스한 손길로
정교하고도 다정스럽게 다듬어 놓은 꽃과 가로수,
이파리 하나하나에도 신의 숨결이 느껴진다

어디서부터인지도 모르는 발원지로부터,

하늘에서 뿌려진 하나의 빗방울로부터 모여서 내리꽂는 나이아가라!

여러 나라 사람들도 강물처럼 모여들고 폭포 물처럼 쏟아져 내린다.

나도 그 한 가운데 끼여 이미 저만치 흘러가 버린 강물처럼 서있다.

아메리카 대륙에 노을이 내리면 집으로 달려간다

/

거대한 땅 덩어리에 산과 계곡이 펼쳐지고
그 위를 무성한 숲이 달린다.
또 그 위를 드넓은 하늘이 달린다.
끝없이 이어지는 지평선을 따라 풍경은 하루에도 수없이 변해간다.
뼈 마디마디, 근육의 힘줄 하나하나, 오장육부의 구석구석이
새로운 숨결과 생기로 뿌듯이 벅차 오름을 느낀다.
이건 완전한 자유로움이다.

찌는 듯 북적대어 불꽃 튀듯 살아오던 북새통을 떠나
너무나도 부딪히지 않는 대륙의 삶은 육체와 영혼에 쉼을 준다.
처음으로 휑하니 넓은 땅에 와 보니 너무 여유가 생겨
갑자기 바쁘게 쫓기던 마음 속에 들어와 앉을 공간이 없어
방황했는데,
이제 차츰 생활에 몸이 익어 가면서 지나온 시간들을
돌이켜 볼 수 있게 되었다.

이제 남은 것은 감사뿐이다.

때론 절망을 느끼며 자신의 육체가 선 절망의 벼랑으로부터

마음 깊숙이 힘찬 박동소리가 들려온다.

무성한 숲에 드리운 밤의 그림자, 흙과 풀 내음이 어우러진

명의 느낌이 온 몸에 스미어 든다.

다운타운을 감싸고 도는 Three Rivers 강 너머로 대륙의 태양이 지고

피츠버그 저녁 하늘에 석양 노을이 떠오르면

왠지 오늘 밤은 집으로 달려간다.

거울 보는 남자

한 남자가 거울을 들여다 보고 있다.
쉰 살이 넘으면 아무도 자신을 쳐다보지 않는다는 걸 모른다.
그 거울 속에는 아름다운 시절을 보낸 한 나무가 외롭게 서있다.
이젠 빛 바랜 이파리 위로 얼굴의 주름은
겨울 나이테처럼 더욱 촘촘해지고
배위의 주름은 여름 나이테처럼 더욱 두툼해져 있다.
그 남자는 거울을 들여다 보며 애써 또 다른 자신을 찾아 본다.
나름 한 시절을 거칠게 살아오며 다듬어진
조각상이 어렴풋이 보이기 시작한다.
그래서 쉰 살이 넘어도
아무도 자신을 보아주지 않아도
그 남자는 거울을 자꾸만 자꾸만 들여다 보고 있다.

| 김민지, 〈눈감은 남자의 슬픈 표정〉

문경희 형 回甲회갑에 드리는 獻詩헌시

내 나이 육십이 되면

/

철로 길을 달리며 삶의 구비구비 한 바퀴 돌아
잰 걸음으로 나막신을 집어 던지듯 달려온 세월,
뒤돌아 본다.
이젠 다 알 것만도 같은 삶의 구석구석을 다 알지 못한 채
켜켜이 쌓여진
슬픔 한 겹,
눈물 한 겹
기쁨 한 겹,
웃음 한 겹,
삶의 片鱗편린들이 층층이 쌓인 벼랑 끝에 멈춘
簡易驛간이역에서 한 숨 돌려
나를 바라본다.

날 괴롭히던 친구에게 닭 똥을 사탕이라고 목구멍에 넣었던
청주의 어린 시절,
그렁그렁 눈물 고인 그 친구의 눈동자를 잊을 수 없다.
무학 야간학교의 첫 문을 열 때,
왕십리에 모여든 그 설레는 눈동자들을 잊을 수 없다.
농촌의료봉사 시절 하얀 천막아래 흰 가운을 입고
선무당 같던 나에게
주름진 얼굴로 다가온,
무한한 믿음으로 가득 찬 눈동자들을 잊을 수 없다.
사랑하는 어머니와 아버지를 하늘나라로 떠나 보낼 때
시베리아 벌판에 홀로 서 가슴에 묻은 두 분의 눈동자를
잊을 수 없다.

방 한 칸에 의지하며 하숙생으로 떠돌던 서울의 하늘 아래
혜화동 서울대 병원에서 공부와 씨름하며 지새든 나날들
형님 댁에 몸을 부대끼며 살아왔던 중곡동 주택가,
청담동 목련 아파트
흐드러진 벚꽃 만발한 남쪽 바다가 보이는 진해
제복 입은 군의관으로 늠름하게 활보하던 軍港祭군항제의 거리들
그 젊은 날들은 이젠 내 삶의 영롱한 진주로 밤하늘에

알알이 박혀
빛을 낸다.

사랑하는 여인을 만나고
눈에 넣어도 아프지 않은 두 딸을 가슴에 품고
광명에서 河岸居士하안거사로 살아온 지 벌써 수십 년이 훌쩍 흘러버렸다.
내 가슴 한 켠에 숨어 울고 있는 神신이시여,
눈물을 거두시고 이 날을 축복하소서.
먹 구름장 뚫고 눈부신 햇살이 내 인생의 머리 위에
다시금 쏟아지게 하소서.

두 바퀴째 펼쳐질 미지의 세상을 바라볼 때,
봄 아지랑이가 겨드랑이를 간질이며 날개가 돋아난다.
묵은 지 같은 고독을 떨치고 새 봄에 들리는 동요에 몸을 싣는다.
"날아라 새들아, 푸른 하늘을
"달려라 샘물아, 푸른 벌판을"
다시 날아오르리라.

다시 달리리라.

내 나이 육십이 되면.

2013년 5월 6일 문경희 형의 회갑을 진심으로 축하하며
오랜 세월 동안 그의 삶을 곁에서 지켜본 후배

김덕영이 드리는 글

고독은 고양이 등줄기를 타고 흐른다

/

고독은 고양이 등줄기를 타고 흐른다.
그 고독의 깊이를 무심한 우리는 헤아릴 수 없다.
등줄기로 흐르는 고독은 너무도 차가워
우리는 고양이에게서 무심코 등을 돌린다.
태양이 뜨면 닫히고 달이 뜨면 열리는 눈동자 속에도
고독의 강이 흐른다.
그 고독의 깊이를 무심한 우리는 가늠할 수 없다.
낙엽이 바람에 또르르 구르면 고양이는 고독을 안고
떼구르르 구른다.
뒤돌아 고개를 돌려 던지는 시선 속에는
높은 자존심과 깊은 고독이 엉키어 있다.
고양이는 언제나 거리를 두고 우리와 밀당을 하지만
그 마음 속에는 가까이 하고픈 애절함이 담겨져 있다.
함부로 마음을 줄 수 없는 것은 언젠가 버림받을 두려움 때문이다.
나비, 깜치, 노랭이, 허스키, 조로, 회색이, 해태, 돌맹이 …
주변을 맴돌며 몇 배나 밝은 눈으로 밤이나 낮이나 CCTV처럼
고독을 뚫고 우리를 지켜보며 말하고 싶어한다.

그의 목소리를 듣고 싶어하지 않는 우리에게 속내를 털어놓고
싶어한다.
언제나 우리의 변덕이 두려워 사랑을 다 줄 수는 없다.
어쩌다 사랑을 줄 때도 버림받을 두려움을 공격할 발톱을
숨겨놓는다.
등을 돌리고 앉아 가끔씩 뒤돌아 볼 때마다
고독은 고양이 등줄기를 타고 더 깊이 흘러내린다.

| 김민혜, 〈나비〉

4장
바다로의 귀환

가든지 돌든지

언젠가 한 고승께서 "無라!" 외치며 돌아가셨다는데, 이 화두는 "산은 산이고 물은 물이다."라는 화두보다 한결 간결하고 마음에도 와 닿는 것 같습니다. 앞으로 나아가기만 하든지, 아니면 계속 돌기만 하든지, 어째든 그 고승 말대로 無는 無일 것 같습니다. 이런 無 때문에 예수는 우리에게 중보자가 필요하다고 말했는지 모릅니다.

아마도 사람들은 無가 아니기를 꿈꾸며 나아가거나 돌고 있는지 모릅니다. 나아가고 있으면 남이 우러러보고, 돌고 있으면 자아가 우러러보니, 그런 꿈을 꾸는 것은 당연한 것인지도 모릅니다. 그리고 늘 그런 꿈을 꾸고 있는 것이 사람의 숙명인지도 모릅니다.

꿈은 사람을 움직이게 합니다. 그래서 소중한 것 같습니다. 나를 우러러 보는 남이나 자아가 나에게 소중한 것이 아니라 꿈만이 소중하다고 생각하며 다시 한번 저에게 많은 것을 느끼게 해 준 그 고승을 마음에 그려 봅니다.

(KAIST교수)
현용진

지팡이

/

지팡이 같은 막대기 하나 주워 들면 열댓 명의 사람들을 넋이 빠지게 예닐곱 시간 동안 붙잡아 놓던 청년이 있었습니다. 당시의 말로 소위 "썰"을 푸는 것인데, 말이 끊길 듯 하면 막대기로 바닥을 쿵 찧으며 이어가고, 얘기는 전개와 반전이 예상할 수 없이 수도 없이 반복되었지요.

부리부리하게 크고 깊은 눈으로 사람을 끄는 듯, 꿈을 꾸는 듯, 말을 이어갔고, 듣는 사람들은 밤늦도록 앉아 있었지요. 무슨 맥주나 과자가 있었던 것도 아니고 저녁식사도 거른 채 그저 그 썰 하나만으로. 그는 엄청 추운 겨울에도 새벽같이 불란서 말을 배운다고 프랑스 문화원엘 다녔습니다. 대학에서 배우는 영어 하나면 족할텐데 불어는 또 뭐냐 하고 있던 차에 어느 날은 또 허름한 바이올린을 구해 들고 다니며 이거 배우는 중이라고 하더군요. 도대체 에너지가 얼마 길래, 궁금하기도 해서 피곤하지 않으냐 물으면 "피곤하지, 피곤하지" 소리를 연발하면서도 도대체가 여기저기 배우기를 멈출 줄 모르던 20대.

어느 날 그의 집에 가보니, 책상 옆에 누렇게 빛 바랜 하얀 종이 쪼가리에 그리다 만 듯한 연필 스케치가 핀으로 꽂혀있었습니다. 크지 않은 그림이었지만 그 선을 그은 손은 어떤 분명한 느낌을 주는 감각적인 손임을 알 수 있었습니다. 아, 저런 면도 있었구나. 내가 보기에 정신 없이 바쁘게 돌아다니는 사람한테.

그는 그러나 무슨 부탁을 하면 긴 시간을 요하는 일에도 거절하는 법이 없었습니다. 도와주는 일 끝내고는 그 빠른 걸음으로 사라지던 뒷모습을 그 두 배를 더 살고 난 지금도 눈앞에 그릴 수 있습니다. 지금 나이의 삼분의 일, 새파란 청춘일 때, 세상에 두려운 것이 뭐가 있으랴 싶을 때, 젊음이 영원하리라는 상상조차 필요도 없을 때의 얘깁니다. 몇몇이 어울려 한잔 할 때면 그는 종종 굵은 목소리의 시를 토하기도 했습니다. 앉아서가 아니고 서서 혹은 팔을 치켜들고 우리들 머리 위의 공기 가득히 환희와 힘의 단어들을 쏘아 울리곤 했습니다.

이제 한 고개 더 넘으면 옛 말로 환갑이라 하는 나이가 되었는데, 이 사람은 다시 청춘을 되찾겠다며 바디빌딩을 한다고 했습니다. 얼마 지나지 않아 쫄티를 입고 나타나 사람의 기를 죽이더군요. 과연 뼈대가 넓은지라 근육이 붙으니 보기엔 좋았습니다. 그런데 갑자기 날아든 메일 한 통은 무슨 또 시집을 내는데 한 줄 보태라 합니다. 그의 시집에는 무슨 말들이 달리고 있을까 궁금합니다. 마치 그 먼 옛날 나중에 오십 육십이 되면 나는 무엇을 하고 있을까 생각해봐도 그저 하얗게 감이 없던 그 느낌 그대로, 그 초로 청년의 무슨 상언지 씨름인지를 떠올리려 애써봅니다.

— 하안동에서 날 찾는 사람들 위해 나름은 아침마다 마음을 다잡는

문경희 씁니다.

(문신경정신과원장이며 下安居士로 불린다)

휴화산, 멧부리를 쳐다보는 재미

학제간 교류(Inter-discipline)란 말이 있더니, 요즘은 특히 과학기술 분야에서 융합(Integration)이란 말이 유행이다. 단순 교류의 차원이 아니라, 더하고 섞음으로써 더 큰 시너지를 이루어내려는 의도일 것이다. 어찌되었던 단순한 부분의 합보다 더 큰 전체를 도모해내기 위해서는 융합을 시킬 수 있는 많은 부분(part)들이 전제되어야 한다.

여기 한 그런 인물이 있다. 장이 안 좋아 그렇다며 평생을 호리호리하게 살아온 체격에 감추어진 엄청난 마그마는, 어디로 어떻게 용출되는 지 모른 채로 온갖 분야에 걷잡을 수 없이 제 인생을 소모시킨 인간이다. '김 덕영, 영어이름 Douglas', 내가 즐겨 중국식으로 부르는 '찐뜨이'..

한국 같은 혈연사회에서 가족 빼놓고는 뗄 수 없는 관계가 학연이다. 아마도 고등학교 선, 후배 관계가 가장 끈끈하고, 다음이 대학이나, 초등, 중학의 연줄일 것이다. 계약사회의 대명사인 직장에서 그러한 혈연적, 학연적 관계(kinship)를 구축한다는 것은 극히 드문 일이다.

결론부터 말하자. 김덕영은 내, 고등, 대학후배 아니다. 어린 시절 한 동네사람도 아니다. 60인생에 둘이 함께한 건 제일기획이란 회사 같은 부서 내에서의 10여 년이 전부다. 나머지 기간은 부서든, 회사든 다 달랐다. 그런데도 우린 어디를 헤매고 있든 형님, 아우님 사이다. 어찌 그리 묶일 수 있었을까? 먼 훗날의 융합을 예비하며 온갖 인생장면에 몸을 던지는 인형(仁兄)의 모습, 모습이 내겐 희한한 아우의 매력으로 다가온 것이고, 나는 끌려 갈 따름이었다.

왕십리서 났다, 그는 무학교회 다녔다. 경복고를 졸업하고 서울대 농화학과를 거쳐 경영학과에서 경영학석사를 받았다. 제일기획 마케팅국에 들어왔다. 미술선생을 마누라로 하여 딸 둘 낳았다. 부서를 옮겨 다니다가 사장이랑 수가 틀려, 웰컴이란 회사를 짧게 거치고, 후반 10년은 휘닉스컴을 거쳐 싸치앤드싸치란 광고회사에서 대표까지 하고 있다. 흔히 이력서에 쓰는 교과서 같은 경력들이다. 이런 것들로 찬연한 융합을 운위하기에는 부분요소의 결핍성을 느낀다.

젊던 어느 날, 그는 필서 가득한 공책 한 권을 디밀더니 읽어 달라했다. 돌시인이란 필명으로 틈틈이 써본 시들이란다. 속으로 코웃음을 쳤다. 글쟁이로 나가던가, 아님 직장생활이나 잘하던가.. 그즈막 겨울날, 부서장에 이끌려 다들 촌놈 행색으로 처음 스키장엘 갔다. 어허, 김덕영은 초행길임에도 고급코스를 상큼하게 지쳐 내려온다. 드디어는 주말 아마추어 아이스하키팀을 쫓아다닌다. 직장인이라 강제된 골프도 어느새 수준급이다. 운동을 좋아하고 재주도 있는 놈인가 보네.. 나처럼 게으르면 그런 거 못한다. 수지 살 적에는 새벽5시에 튀어나와 수영하고 출근한다고 했다.

그러던 또 어느 날, 아주대 경영대학원 박사과정을 쳐들어갔다. 시간 없다며 투덜대기를 수년 하더니, 어, 50중반을 넘겨 학위를 따내고야 만다. 그러던 그가 이 말년에 시집 내야겠다는 거다.
맞다, 이제는 시집을 내야 할 때다.

처처이 부딪히며, 겪으며, 좌절하지 않고, 직장에서나, 학업에서나, 운동에서나, 어학에서나. 그는 영어와 일어도 제법 하는 편이다, 신앙생활에서나, 마누라, 딸 둘의 여인천하에서 겪은 수고로움에서나, 소담히 이루어낸 편린 같은 경륜들은 이제 지천명(知天命)의 차원에서 그의 내면 마그마가 되고 에너지로 꿈틀거리고 있었을 게다. 이를 서서히 섞어가며 한 귀퉁이 틈새로 용출시켜보려는 모양새도 같잖다. 아직도 상어와 싸우는 꿈을 꾸고 있다니.. 그 퍼석해진 육신을 이끌고 이젠 스킨스쿠버에 도전할 참인가..?

김덕영이란 산더미의 기생화산 하나가 서서히 유황 연기를 뿜고 있다. 나는 나대로 언젠가 제대로 터져 우리를 환호케 할 그 화산의 멧부리를 기다림 속에서 조마조마 쳐다보는 재미로 살 것이다. 안 터지면 말고..

(마케팅라인대표)
석성홍

내가 아는 인간 김덕영

/

내 생각에 인간 김덕영을 가장 잘 표현해주는 두 단어는 '긍정'과 '열정'이다. 나는 그가 부정적이고 비관적인 말을 하는 것을 기억하지 못한다. 그렇다고 그가 매우 좋은 환경에서 살아온 것은 결코 아니다.

그는 어려운 문제에 직면해서 걱정하거나 불평하지 않고 긍정적으로 반응한다. 그는 자신의 약함 마저도 웃으면서 꺼내 놓는데, 나는 30여 년 전 그가 자신의 '설사'를 주제로 몇 시간 동안 '썰'을 풀었던 것을 지금도 기억한다.

그렇지만 그는 무골호인으로 살아가지 않는다. 반대로 열정과 에너지가 넘치는 삶을 살아간다. 문제가 생기면 맹렬한 에너지로 극복해 나가며, 늘 새롭게 도전하면서 자신을 키워나간다. 40대 후반에 아이스하키를 새로 시작하고, 50대 중반에 근육 운동을 시작하여 1년 만에 수준급 근육을 만들어내는 것은 아무나 할 수 있는 일이 아니다.

그런데 이번에는 시집을 내겠다고 한다. 이처럼 "외유내강"으로 표현될 수 있는 그의 삶은 무엇에 뿌리를 두고 있을까? 나는 그것이 그가 갖고 있는 절대자에 대한 신뢰에서 비롯되지 않았나 생각한다. 그래서 나는 그의 삶을 늘 경외감을 갖고 바라본다.

(서강대학교 교수)
김시중

얼굴 가득 주름잡는 웃음

/

그와는 꽤 오래 같은 회사에서 근무 했지만 일을 같이 한 적은 별로 없다.
하지만 우리는 가끔씩 마주 앉아 이야기를 나누곤 했는데 주로 내가 묻고 그가 대답하는 식이었다.
그 중 어느 날엔가는, 왜 우리나라 브랜드는 품질은 비슷한데도 제대로 된 브랜드 대접은 받지 못하는가에 관해 물었었다.
그는 오리지낼러티(originality)의 부재를 이유로 설명했던가.

그가 예전부터 써오던 시를 묶어 시집을 낸다는 얘기를 들었을 때
내 머리 속엔 오리지낼러티(originality)란 단어가 떠올랐다.
아, 그는 자신의 오리지낼러티를 잃지 않고 여전히 잘 간직하고 있구나...
잘 살고 있구나..
그는 커머셜한 마케팅 전략의 손 꼽는 전문가이면서도
예민하고 부드러운 소년의 가슴도 아울러 지닌 사람이었다.

그런 그가 결국 시인이 되었다.
처음부터 아무 생각 없이 사는 사람은 드물지만

생활에 치이다 보면 청춘의 꿈은 간 데 없고 감성은 휘발되기 마련인데 그는 시간의 이빨에 지지 않고 시어를 갈고 닦아 중년에 시인이 된 것이다.
그는 잘 늙고 있는 것 같다.

나이가 들수록 돈 많은 사람보다, 성공한 사람보다,
웃는 얼굴 좋은 사람이 더 부러워지는데 김덕영 대표야말로 그런 분이다.
얼굴 가득 주름이 잡히도록 크게 웃는, 그래서 웃는 얼굴이 참 좋은....
그의 시와 더불어 그의 얼굴이 궁금하다.
못 본지 오래다...

(전 제일기획 부사장)
제일기획 옛 동료 최인아

때늦은 도전장

/

내가 친구 덕영이를 가까이서 보게 된 것은 대학교 1학년 때 기숙사 생활을 할 때인 것 같다. 젊은 날 덕영이는 몸은 해골이란 별명이 말해주듯이 깡마른 체격이었지만 봉사심과 배려심이 깊고 매사를 긍정적으로 보며 늘 웃음을 잃지 않을 뿐 아니라 함께 있으면 늘 편안하고 즐거워지는 그런 넉넉한 사람이었으며 나는 그에게서 훌륭한 미래 지도자의 모습을 상상하였다. 그런데 수십 년이 지난 지금 덕영이는 젊은 날 상상하던 그 모습으로 주변을 환하게 밝히며 살아가고 있는 것을 곁에서 보고 있다.

남에게 싫은 말을 잘 못 할 것 같은 사람이지만 자신에게는 매우 엄격하며 나이도 잊고 겁 없이 하고 싶은 일들에 선뜻 때늦은 도전장을 내는 욕심이 많은 사람이고 그래서 함께 있으면 배울 것도 많은 사람이다. 단점도 분명히 있을 터인데 찾기가 정말 쉽지 않다. 굳이 부탁하고 싶은 것이 있다면 이제는 건강도 더 생각하며 매사에 빈틈을 더 보이며 쉬엄쉬엄 살아가는 것도 좋지 않을까 싶다.

(전 이건산업 부사장 솔로몬 군도 추장이라는 별명으로 불림)

신인섭

로맨티스트

/

김덕영 사장은 나에겐 제일 친한 고등학교 동기 중 한 명이기도 하고, 우연히 사업 상으로도 지난 10여 년간 서로 깊은 교류를 하며 도움을 서로 주고 받으며 거의 매일 안부를 묻던 사이였습니다. 그런 벗 김 사장이 시집을 발간한다 하여 나에게 한 편의 글을 부탁하니, 머리 속에는 엄청 할 말이 많을 것 같은데, 막상 엄두가 안 납니다. 마치 사랑하는 아내에게 이런 저런 논리에 맞게 사설을 늘어 놓을 수 없는 것처럼……

김 사장이 술 자리에서 거나하게 취하면, 자기가 태어난 왕십리를 대상으로 긴 시를 읊조리는 것은 보고 듣긴 하였지만 지난 30년 동안을 이런 저런 시를 써 왔고 이번에 시집까지 발간한다니 놀랍기도 하고 대견(?)스럽고 자랑스러우며 기쁩니다. 허긴, 수려한 외모나 자상한 배려와 태도로 배어 있는 김 사장을 보면 로맨티스트적인 아티스트 기질을 타고 난 사람이구나 라는 것을 많이 느끼긴 했습니다. 더구나 광고계에 몸담고 있는 전문인으로서 남 다른 글재주와 창의적 카피 라인을 구사해 왔고, 탁월한 설득력을 가지고 있는 김 사장, 그의 시는 무척 기대가 됩니다.

생각해 보면, 김 사장은 항상 허허 거리며, 호인이라는 말을 듣지만 속으로는 끈질긴 집념을 가지고 있는 이 시대의 엘리트라고 할 수 있습니다. 회사 일로 그렇게 바쁘면서도 언제 그렇게 시는 썼으며, 또 언제 그렇게 어려운 공부를 하여, 올해 초 경영학 박사 학위를 취득하여, 벌써 홍익대학교, 아주 대학교에 야간 출강을 하면서, 제자들을 양성하고 있습니다. 지난 달에는 대학원 제자들이 종강 기념으로 가보기 힘든 철갑상어 농장으로 김 사장을 초대했다고 싱글벙글 하던 모습이 떠오릅니다. 또한 바쁜 시간을 쪼개어 요즈음 열심히 몸을 만들고 있으며, 지난 언젠가 골프 라운딩에서는 보디 빌딩을 하면서 닭 가슴살을 열심히 먹어 비거리가 많이 늘었다고 자랑도 합니다. 어떻게 보면 팔방 미인 아니 미남 이라는 표현이 적절할 것 같습니다.

나는 그와 무척 많은 술 자리도 같이 하고, 식구들끼리 서로 만나 식사도 하고 모두 같이 영화도 보고 하였는데, 만날 때 마다 다정한 아버지이자 좋은 남편의 롤 모델을 보는 것 같아, 나와 비교가 되어 나도 잘해야지 하는 자극이 되긴 합니다. 따라갈 자신은 별로 없지만…

정리해 보면 김사장은 전쟁터와도 같은 광고 산업의 영업 최 전선에서 제일 오래까지 살아 남으면서 최고 경영자의 길에 올라섰으며, 그 길에서 지금도 매진하고 있습니다. 그러면서도 안으로는 가족 및 개인의 학습과 건강을 모두 게을리 하지 않으면서, 미래에 대한 준비도 차근차근 착실히 해 놓은 김 사장은 직장 생활을 하는 후배들에게 정말 진정한 귀감이 되는 선배가 아닐 까 합니다. 거기다 이번에 시집까지 내고 미술학도인 아내, 두 딸 들의 도움을 받아 삽화까지 멋있게 곁들여, 아마 출판 기념회까지 고고 씽 할 것 같으니 부럽기 그지 없습니다.

두 번째 시집 도 기대 하며..

(도시바테크 코리아 대표이사 사장)

김덕영 사장의 절친한 벗.

차인덕

둥근 바위

벗 김덕영사장의 시집 출간을 진심으로 축하합니다! 시인의 아들이면서 시를 매우 사랑하는 저로서는 존경하는 벗 김사장이 첫 시집을 낸다니 정말 기쁘네요.

김사장은 참 선량한 사람입니다. 그를 보면 마음이 편안해 집니다. 그는 호인입니다. 어떤 일을 놓고 논의하거나 계획을 짤 때 그가 이마를 찌푸리는 모습을 본 일이 없습니다. 항상 여유 있고 푸근한 미소를 머금고 있습니다. 아마도 그는 세상에 대한 따뜻한 시선을 늘 지니고 있는 모양입니다.

항상 웃는 얼굴로 긍정적으로 고개를 끄덕이며 다른 사람의 말을 경청하는 김사장은 다른 사람을 격려해 일이 성사되는 쪽으로 문제를 해결하는 뛰어난 해결사입니다.

오랜 세월 동안 홍보와 인재발굴 사업에 종사해온 그는 사람을 볼 줄 아는 날카로운 안목이 있으며 인간의 본질이 무엇인지에 대하여 일가견이 있습니다. 그가 고르는 인재야말로 마음 놓고 채용해 중책을 맡길 수 있다고 생각합니다. 김사장만큼 자신의 생업에 진지하고 성실

한 사람은 많지 않습니다.

김사장은 다정합니다. 항상 남을 배려하며 좋은 표현만 사용합니다. 집에서도 틀림없이 다정한 아버지이자 좋은 남편일 것입니다. 그는 희생할 줄 알고 양보할 줄 아는 훌륭한 선비입니다. 물결에 잘 다듬어진 둥근 바위입니다.
김사장이 앞으로도 세상에 많은 기여를 하고 사랑하는 가족과 더욱 행복한 시간을 보내기를 진심으로 빕니다.

(법무법인 세창 대표변호사/전 서울지방변호사회 회장)
김 현

백전노장

/

군대를 갔다 온 남자들은 50이 넘어도 군대 꿈을 가끔 꾼다.....

군대에서 야간 경계 근무 후 끓여 먹은 꿀맛같이 맛있는 라면 꿈이라든지..

아니면...나는 벌써 제대 했는데 왜 꿈속의 나는 아직도 군대에 있는가.. 깜짝 놀라는 꿈...

남자는 인생이라는 긴 여정을 여행 하면서 몇 개의 불연속선을 만나게 된다...

그 첫 번째 불연속선이 나의 경우에는 군대였다...

비행기를 타고 가다 불연속선을 만나면 비행기가 요동을 하듯... 인생도 그러하다..

그러나 불연속선을 잘 통과 하고 나면 이전보다 훨씬 더 부드럽고 조용한 비행을 느낄 수 있다.

이제 희끗희끗해지기 시작한 머리칼을 바라보며 거울 앞에서 있는 우리는 그러한 여러 개의 불연속선들을 지혜롭게 잘 넘어 온 백전 노장들이다.

오십 대 후반으로 접어 들면서 우리는 또 하나의 불연속선이 우리를 기다리고 있다는 사실을 알고 있다.

하지만 왠 일인지 두렵지가 않다...

우리는 백전 노장 들이기 때문이다...

김 덕영 사장과 오랜 친구로 지내 오면서 그에게 어울리는 말을 꼭 하나만 집으라면... 그는 "백전 노장" 이다.

열정, 성실, 지혜, 용기를 가지고 성공적인 삶을 살아온 그에게 딱 어울리는 말이다... "

(경기대학교 교수/전 AMD Korea사장)
박용진

숨어있는 에너지

고교와 대학동창인 K는 이공계출신으로 자기 전공도 아닌 광고 일을 선택하여 30여년을 한 우물을 파며 정상에 오른 적극적이며 열정적인 친구이다. 광고회사 CEO일만 해도 버거울 텐데, 만학으로 경영학 박사를 취득했고, 대학 강의도 나가고 시인, 미스터시니어 보디빌더 등을 꿈꾸며 누구보다도 바쁘게 살아온 친구다. 대학시절 해골이라는 별명처럼 비쩍 마른 체격이었던 그가 최근에 만났을 때는 확 달라진 근육질의 모습으로 나타났다. 10개월 정도 헬스 운동을 하며 몸을 만들었다고 했다. 순하고 사람 좋은 친구인 그가 그런 추진력과 정열을 갖고 있는 걸 보고 감탄했다. 그런 K가 나·상·꿈이란 시집 출간을 준비하고 있다는 메일을 보내왔다. 그의 의욕에 또 한번 감탄했다. 그의 어디에 그런 넘치는 에너지가 숨어 있었던 것일까? 그는 앞으로 어느 분야에서 또 자신의 상어를 잡아서 우리 친구들을 즐겁고 놀라게 해 줄까? 나·상·꿈의 시집에 담겨질 내용이 궁금해진다. 시집 출간을 축하하고 식지 않는 열정을 부러워하며, 앞으로도 계속 나이보다 젊고 건강하게 사는 모습을 기대해 본다.

(신구대학교 교수)
안성로

진짜 예술가

/

예술가는 한 가지 영역에 몰두하여 자신의 감정을 예술의 한 장르를 통하여 표현하는 행위자라고 말하고 있다.
그런데 여러 영역은 넘나드는 사람은 잡끼가 많다고 할까?
김덕영이 그랬다, 어느 날 그림을 그리더니 하루는 바이올린을 사가지고 깽깽거리기 시작 했다. 그러더니 이번에는 시집을 출판한다나?
그의 영역은 어디까지일까?

난 예술을 하지만 작업을 할 때에 그리 즐기면서 하지는 못한다.
해야 한다는 강박관념 때문에 너무 힘이 들고 다시는 안 하겠다고 다짐하지만 결국 또 하게 된다.
그렇기 때문에 예술을 사기라고 표현하는 사람들도 있다. 즐기지 못하고 강박 관념 때문에.

한 가지도 온전하게 못했는데 여러 방면을 섭렵하고 시집을 출간한 이 에너지는 어디서 나오는지 궁금하다. 그는 항상 깡마르고 골골했으니까.

김덕영은 자신이 하고 있던 예술을 철저히 즐기면서 했다.

보이지 않는 곳에서 조용히

그 힘이 지금의 시인 김덕영이 나온 것이 아닐까?

유난히 일찍 찾아온 여름에 출간을 진심으로 축하하며.

(숭의여자대학교 유아교육과 교수)

무용하는 친구 김양근

인연

/

사람이 소중하다는 생각이 들면서 나이가 들었다는 걸 깨닫는다.
앞만 보구 달려 오면서 그냥 옆에 존재하는 사람들과
필요에 의해 만나는 사람들도 인연의 소중함을
절실히 느끼지 못하고 살아 왔다 해도 과언이 아니다.
김덕영 친구와의 인연은 …….
오랫동안 만나면서 늘 얼굴에 웃음이 있는 사람.
화가 나도 웃을 것 같은 친구.
남에게 싫은 소리 못해 손해보구 말 것 같은 친구지만
일을 대할 때는 카리스마도 함께하는 외유내강형의 친구.
또 클래식이 잘 어울리는 친구, 더욱이 시에도 조예가 깊은 줄이야 ㅋㅋㅋ
세상사 달관한 듯 고개를 뒤로 젖히며 허허 소리 내어 예의 사람,
좋은 웃음을 웃어 참 기분 좋게 하는 사람 ….
얼굴에 삶이 보이듯 선한 얼굴에 미남이기까지 해서 부럽기도 하다.
인품이 깊어 남의 흉허물을 다독이고, 악한소리 못하니 주변에 사람이 많다.
나 역시 이런 친구가 옆에 있고, 시집까지 낸다니 절로 어깨가 으쓱여진다.

건강하게 오래 살며 2집, 3집 기대해 본다.

또 와인처럼 빛깔 좋고 향내 나는 인연이 되길 바랍니다.

(콤텍시스템 회장)

남석우

'피골상접' 에서 '팽창풍선' 을 지나 '탄탄균형' 의 시대로

/

김덕영 선배가 휘닉스컴 대표를 맡은지 3~4개월 지났을 때였다. 당시 제일기획을 다니고 있었는데, 함께 근무하던 후배 하나와 김 대표에게 점심을 얻어먹으러 간 적이 있다. 후배는 김 대표가 제일기획에서 광고팀장을 하실 때 팀원이었다. 김 대표께 인사를 드리고 싶은데 도저히 혼자는 못 가겠다며 당시 그의 팀장이던 나를 윽박질러(?) 앞세우고 찾아 뵈었다.

휘닉스컴 건너 편 I호텔의 중국음식점에서 만났는데, 테이블 쪽으로 다가오는 김 대표를 보고 깜짝 놀랐다. 얼굴이 너무 심하게 보톡스 수술을 받은 후유증으로 시달리는 것처럼 부어 있었다. 배까지 눈에 띄게 불룩해진 것 같았다. 대체 어떻게 된 일이냐고 여쭙기도 전에 먼저 말씀하셨다. "나도 몰랐는데 말이야". 듣는 이의 머리를 자신 쪽으로 한 뼘은 더 수그리게 하는 전문 얘기꾼과 같은 말투와 제스처는 달라지지 않았다. "내가 스트레스를 받으면 마구 먹는 타입이더라고. 하도 힘들기도 하고, 떠날 애들과 먹기도 하고 그렇게 먹다 보니까 이렇게 되어버렸어."

그 때 휘닉스컴 사정이 힘들고, 그 최전선에 김덕영 대표가 있다는 건 광고계의 사람들은 대부분 알고 있었다. 그런 부문에 어두워서 어느 정도인 줄은 나만 천둥벌거숭이처럼 몰랐다. 그렇게 부푼 김덕영 대표의 몸을 보고도 스트레스의 무게를 가늠하지 않고, 전체적으로 뼈대 골격은 크나 오로지 그것뿐이었던 분의 체형이 그런 식으로 변할 수 있다는 게 놀라울 따름이었다. 내가 알고 있던 50kg후반에서 60kg초반 대의 몸무게가 80kg대로 변해서 만났으니 놀라지 않을 수 있겠는가?

당신의 스트레스에 대해서 말씀하신 김덕영 대표께 헤어지면서 내 딴에 위한다고 했지만 맘 편한 소리를 했다. "그렇게 힘드시면 저와 함께 세계광고대회나 한번 다녀오시지요? 복잡한 일들에서 좀 떠나 있으세요!" 애처롭다는 듯이 김 대표께서 쓴웃음을 지으면서 그러나 예나 다름없이 하나하나 예를 들어 이해시키는 대화방식을 지키시며 말씀하셨다. "애들이 회사를 떠나야 하는데 그냥 종이 한 장 날리며 보내는 건 아니잖아? 그리고 윗분이 계신데 넌 머리 아프다고 휙 해외출장 갔다 올 수 있겠어?" 자신이 하고 싶은 얘기를 상대편 경우로 전환하여 상대방의 동의를 구하는 방식은 김 대표에게 내가 배운 핵심 몇 가지 중의 하나다. "저는 가려면 가요. 그 까짓 것, 확 갔다 오면 되죠. 일과 연관이 없는 것도 아닌데." 괜한 어린 애 투정이었다. 그런 식으로 받아주셨다. 특유의 '하하하'와 '킥킥킥'이 합성된 웃음소리를 내

시며, 달래 주셨다. "그래, 그래. 재항이는 갈 수 있지."

바로 아래는 '70년대 초부터 민주화 운동에도 열심히 참여했던 시인이자 소설가인 송기원 선생의 어느 책에서 읽은 내용이다. 읽은 지도, 김 대표와 연관 지어 생각한 지도 꽤 되어서 내용의 세세한 부분은 잘 기억이 나지 않지만 대략 이렇다. '70년대에 송기원 시인은 노벨 문학상 후보로 매년 본인의 의도와 상관없이 언론을 장식하는 대시인 고은 선생께 자주 찾아 갔단다. 밤새 소주를 통음하고 새벽녘에 한강변 갈대밭에 가서 함께 쭈그리고 앉아 대변을 보곤 했단다. 여명 속의 한강물을 보며 노폐물도 내놓는 시원함에 뿌듯해 하다가 얼굴 옆쪽의 느낌이 이상해 고개를 돌려보면 고은 선생이 자신을 보고 있더란다. 그 때의 표정에는 '저 배냇병신 같은 자식을 어찌 할꼬' 하는 안타까움, 노여움, 가여움 등이 뭉쳐져 있어, 감당을 못하고 고개를 돌려 피하기 급급했단다. 그렇지만 자신이 어려운 결정을 내릴 때면 항상 그 표정을 생각하며 기준을 삼는다고 한다.

송기원 시인이 한강 갈대밭에서 함께 뒤를 까고 옆에 앉아 있던 고은 선생의 표정을 보며 가졌던 심정을 나도 김 대표를 뵈며 비슷하게 느낀다. 김 대표의 표정에는 그때의 고은 선생에게서는 찾기 힘든 따사로움과 여유로움이 더 들어가 있다. 2009년 말에 회사를 옮기며 함께 일하던 친구들이 마케팅연구소 아니랄까 나에 관한 설문조사를 해서 그 결과를 송별회 자리에서 공개한 적이 있었다. 내 특징 중 하나로 '결코 화를 내지 않는다' 란 게 나왔다. 김 대표의 가르침을 실천했을 따름이다.

회사를 옮겨서 김 대표와 함께 일하다 헤어져야만 했던 친구들을 많이 만났다. 그들을 통해 35% 정도 몸이 불었을 때의 김 대표의 스트레스와 고통을 조금 더 실감할 수 있었다. 그런 과정을 거친 연후에도 계속 김 대표께 애정을 간직한 그들을 보곤 괜시리 내가 고마웠다. 최근 꾸준히 몸을 단련시키고 있는 김 대표는 단단해진 근육과 함께 70kg중반 몸무게의 키에 딱 어울리는 균형 잡힌 몸매를 자랑하신다.

김 대표가 문자 그대로 온몸을 짜내며 일하여 육체는 피폐했지만 꿈이 있어 즐거웠던 50kg대 후반일 때 나는 그를 처음 만났다. 이후 그의 지위는 광고회사의 대표까지 올라가고 그를 상징하듯 몸은 부풀었지만 부푼 공간을 스트레스로 채웠던 80kg대 시절도 있었다. 그러나 올해 초에 박사논문 그리고 8월에 이 시집과 같은 결실을 세상에 내놓는 균형 잡힌 몸매의 지금까지 김 대표는 나 같은 철없는 후배들에게 교보재이자 지표의 역할을 온몸으로 해 왔다. 부럽고, 그 이상으로 항상 고마울 따름이다.

앞으로 더 멋진 길이 있을지는 모르겠지만, 어찌 하든 지금 몸매 계속 유지하소서!

(기아자동차 마케팅전략실장)
박재항

가위 · 자 · 풀

내가 컴퓨터를 처음 만나게 된 건 지금으로부터 약 25년 전으로 거슬러 올라간다. 그 때는 지금처럼 윈도우 기반이 아닌 DOS를 운영체제로 한 컴퓨터가 대부분이었다. DOS에서는 주요 명령어들과 옵션들을 외우고 있었어야 했는데 가장 많이 썼던 명령어들이 dir, copy, format 뭐 이런 것들이 아니었나 싶다. 당시 이런 명령어들로 특정한 일들이 척척 이루어지니 무척이나 신기로워 희한해했었다. 특히 워드프로세서와 같은 응용프로그램에서는 유사한 글을 똑같이 배껴 쓸 필요도 없이 copy를 하여 paste만 하면 그대로 붙여 넣기가 되니 게으른 젊은이로서는 그처럼 반가운 기능들이 없었다. 어쨌든 이후로 어떤 기능들보다 copy & paste 를 자주 쓰며 같은 글이라 하더라도 그 위치나 앞뒤 맥락에 따라 무언가 달라는구나 하는 생각을 문득문득 하고 있었다.

내 그를 처음 만난 건 17~8년 전이다. 우리나라에서 최고라는 광고회사에서 그를 보았다. 게다가 그는 이미 사내에서뿐만 아니라 사외에서 최고의 마케터로 이미 명성이 자자했다. 나도 다행히 마케팅 부서에서 근무를 했었는데, 그의 명성 때문이었는지 직접 일을 같이 해보기도 전에 이미 약간 주눅들어 있었다. 그도 그럴 것이 최고의 회사답게 그 직원들은 하나같이 쟁쟁한 인물들이었는데 이들의 입에서 최고라는 그가 최고라는 얘기들이 나왔기 때문이다. 회사에 들어간 지 얼마 되지 않아 드디어 같이 일을 할 수 있는 기회가 있었다. (그 전에야 지나치면서 다정다감하게 대해주시는데 그저 좋은 분이구나 하는 생각 밖엔 없었고) 부서장으로 내가 하고 있는 프로젝트에 대한 리뷰 시간이었다 맨손이나 또는 펜 정도 들고 회의실로 들어올 줄 알았던 그는 전혀 예상치 못하게 가위, 자, 풀 등을 들고 들어왔다. 그리고 내가 썼던 보고서를 보면서 이런저런 코멘트를 하더니만 갑작스레 여기저기를 오리고 붙이고 했다. 사실 이 때 나는 머리 속에서 copy & paste를 계속 생각하고 있었다. "와~ 인간 copy & paste네!" 하면서 어리둥절했던 나는 약 5분 남짓한 소동 후에 깜짝 놀랐다. 잠시의 copy & paste 끝에 논점도 더 명쾌해지고 표현도 더 심플해진 멋진 보고서가 된 것이다. "오잉~~" 가만히 보면 약간의 가감은 있었지만 내가 작성했던 보고서의 큰 틀 내에서의 내용은 동일했다. 그러나 어떤 때엔 결론을 먼저, 어떤 경우엔 상세한 설명을 과감히 생략하면서 전혀 다른 보고서를 만들어 놓은 것이다. "아~~ 구슬… 잘 꿰어야 보배가 되는구나!"라고 감탄하면서 냉철하고 합리적이며 명쾌한 그를 다시 바라보게 되었다.

한가지 더 놀라웠던 사실은 그가 시를 쓴다는 것이었다. 음... 머리 속에서야 충분히 상상될 수 있는 것이지만, 현실 속에서는 이렇게 냉철하고 합리적인 사람이 시를 쓴다는 사실 자체가 믿기지 않았다. 그러나 난 곧 깨달을 수 있었다. 마치 과학과 예술의 만남이 자연스러운 것처럼 그와 시는 전혀 부조화스럽지도 않고 불편한 것도 아닐 수 있다고. 게다가 난 그걸 본적도 없으니 그냥 그런가 부다 하며 지나쳐 버렸다. 그런 그가 드디어 시집을 낸다는 소식을 듣고, 시집의 가제를 들었을 때 난 이번엔 "그가 가위와 풀과 종이를 들고 어떻게 요리조리 상어를 요리하려나?" 하는 생각이 번뜩 들었다. 궁금하다. 그리고 얼른 만나보고 싶다. 그의 상어의 꿈을.

(금융컨설턴트/세계자유여행가)
김철성

어떤 신기한 선배

/

"마케팅은 연애와 같다"
사랑하는 사람을 이해하려고 노력하고 연구하듯이
소비자를 생각하고 소비자를 연구하자던
선배이자 스승이자 삶의 멘토인 이가 내게 있다고 말하고 싶다

지루했던 신입사원 직무교육 어느 시간에
깔끔하고 세련된 입성과
날카로운 금빛 안경 속에 따뜻한 시선을 담고
꼼꼼하고 진지하게, 강렬하고 힘있게
넉넉한 웃음과 통쾌한 비유를 휘날리며
시리고 퍼런 열정의 화인을
가슴에 하나 남겨준 이가 있다고 말하고 싶다

그를 만나지 못했다면
열정이 이끄는 삶이 무엇인지 몰랐을 것 같다
무엇인가를 천직으로 알고 산다는 것이 얼마나 행복한 일인지도 몰랐을 것 같다

안녕하시지요? 그런데 요즘은 뭐하세요?

요즘 무엇에 정성을 들이고 있으신 지 언제나 궁금한 분,
고달프고 서러운 오후에는 전화 한 통 걸어보고 싶은 분,
아무리 시간이 흘러도 그 사람처럼 되고 싶게 하는
어떤 신기한 선배님, 김덕영 대표를

시작하는 모든 이들에게 소개해 주고 싶다.

(TNS 디지털사업부 본부장)
찬덕송(讚德頌)으로 화답하는 후배
권성은

오프너

제아무리 머리 좋은 사람도 열심히 하는 사람을 따라갈 수 없고, 아무리 열심히 하는 사람도 좋아서 하는 사람은 따라갈 수 없는 법이죠? 어떤 일이든 필연으로, 긍정적으로 받아들이고 좋아서 안하고는 못 배기는 분인 것 같습니다. 그러한 긍정에너지를 보여주신 교수님은 저희에게 잠재력을 열어주는 오프너 같은 분이라고 생각합니다.
홍익대 광고홍보대학원에서 브랜드전략론을 강의하시던 교수님의 수업을 통해 비전이 보이기 시작했습니다. 바다를 정말 좋아하는 저에게 교수님의 초대는 행복해서 감사하는 게 아니라, 감사하는 마음에서 행복이 오게 만드십니다.

(삼우커뮤니케이션대표)
조경환

더글라스의 광고술

교수님을 처음 만났을 때가 생각납니다.

세련된 옷차림, 바른 자세, 나이답지 않은 날렵한 몸매, 매끈한 모습이 한눈에도 사람을 끌어들이는 매력을 지녔습니다. 첫 수업 과제가 자기소개서라면서 적어 주신 이메일 주소는 douglas… 무릎을 탁 쳤습니다. 정말 잘 어울리는 닉네임입니다. 더글라스. 교수님은 정말 영화 속 마이클 더글라스와 같이 깊은 눈빛에서 연륜이 풍겨 나오는 모습을 하고 있었습니다.

아주대 MBA과정에서 공부하는 학생들은 30대에서 지그시 50대를 바라보는 나이까지 다양한 연령대가 모여 공부를 하고 있는데 교수님은 이들 학생이 보내 온 자기소개서를 꼼꼼히 읽어보시고는 이것 저것 질문도 많으십니다. 학생들의 인생사를 들으면서 열심히 달려온 그 인생에 공감하고 더 가까이 가고 싶어하는 따뜻함이 느껴집니다. 그러다가도 수업시간이 되어 여러 광고 분석을 할 때면 예리한 눈빛으로 돌변하십니다. 멍하니 있던 저도 덩달아 정신이 깨어집니다. 다시 어느 순간엔 사람 좋은 웃음을 짓고 계십니다. 그 미소가 정말 순수해서 경쟁이 치열하다는 광고계에서 어떻게 살아남으셨는지 걱정이 들 정도입니다.

그런 교수님을 뵈면서 저를 돌아보게 됩니다. 눈을 반짝였던 사회 초년생에서 어느새 사회에 묻혀 나를 잊고 살진 않았나 하는 생각이 듭니다. 누구도 대신할 수 없는 내 삶을 사랑하고 솔직하게 표현하면서 살아가야겠습니다.

교수님이 살아 오신 날들, 거쳐갔던 광고들, 수업시간에 들려주시는 이야기 속에서 고단하면서도 쉼 없었던 인생사에서 깊은 내공이 느껴졌습니다. 긴 세월 동안 그 연륜으로 써 내려간 시집 발간에 이렇게 한 페이지를 장식하게 되어 영광입니다. 광고는 머리가 아닌 가슴으로 하는 것이라는 교수님의 말씀처럼 앞으로의 인생도 머리가 아닌 가슴으로 뜨겁게 살아가리라 믿습니다.

(삼성전기 중앙연구소 선임연구원)
박미진

호산나!

청람 김덕영 선생의 나상꿈 출간을 예쁜 손주를 기다리는 마음으로 기대하며 축하드립니다.
호산나의 이름으로…

청람의 나상꿈은 그의 청년 시절과 광고업계에 커다란 족적을 남기고 떠나기까지 인생 전반부의 성공과 회한의 마음을 병풍에 새기고 부인과 따님들의 그림이 적절한 추임새를 넣어 완성한 보기 드문 가족의 시화집이다. 그는 내가 본 사람 중 가장 지독한 딸 바보이기도 하다.

그는 평생을 살아온 레드오션 서울을 떠나 광교산 자락의 넉넉한 빌라에 둥지를 틀고 정성을 드려 정원을 가꾸며 동네의 들량이들을 돌보는 따뜻한 마음으로 돌아왔다. 그리고 호서대학교에서 교수로 재직하며 인생 이모작을 시작한 것은 커다란 축복이었다. 우리 호산나는 호서대학교에서 새롭게 만난 교수 네 명이 만든 작은 모임이다. 전반부의 삶을 우리 사회의 한 부분에서 나름 역할을 했던 경험을 학생들에게 전해주고자 함께 고민하며 어울렸다.

근래에 우리 모임에서는 그를 '세로' 선생이라 부르며 일주일에 한두

번 모여 撞學당학?을 공부하며 소주잔을 돌리고 깔깔거리며 즐거워 한다. 치열했던 삶의 현장에서 묻은 저잣거리의 찌들은 냄새는 점차 사라지고 이제는 제법 교수의 풍모와 학생들과 어울리며 얻은 젊은 마음의 여유가 마냥 즐겁다. 하지만 가끔 귀가가 늦어 아내에게 꾸중을 듣기도 한다.

세로선생은 우리 모임의 막내인데 올해 회갑을 맞는다. 이번 그가 출간하는 나상꿈에는 그 인생의 전반부가 담겨있다. 후반부의 시작은 교수로 출발하였으며 아직 항해의 일정이 잡혀있지 않은 것으로 안다. 후반부는 더욱 의미 있으며 무엇보다 즐거운 항해가 되길 바란다.

양재의 한 당구 클럽에서,

推達추달 최윤철(전 캐나다 외환은행장),

引强인강 심창섭(모바일컨버전스 회장/전 삼성전자 전무)

彈道탄도 이춘만(전 이건산업 대표이사)

김덕영兄 - 청람(晴嵐)이로소이다

/

여명에 새벽 이슬 타고 오는 달이 있어
정한수(井寒水) 그릇마다 그가 담기겠지

달에게 사랑을 물었었네
그녀와 아침 싱그러움을 나누게나
달에게 광고를 물었었네
정오의 태양을 닮게나
달에게 미래를 물었었네
가슴에 노을을 품을 큰강을 만들게나

미명(未明)에 하루의 꿈을 알 수 없고
한 낮에 만월(滿月)을 만날 수 없지만

형의 하루는 보름처럼 둥글게
세상 사람들과 뒹굴며
형의 하루는 시(詩)처럼 지혜롭게
은유와 암시로 가득하고
형의 하루는 바람처럼 자유롭게

넓은 바다로 흘러가네

누가 형의 달을 들어
내일의 날씨를 묻거든

청람(晴嵐)이로소이다
청람(晴嵐)이로소이다
청람(晴嵐)이로소이다

(시인/media specialist/
숙명여대광고홍보학과 겸임교수)
구산 박정래

後記
후기

왕십리에서 태어나다.

3.1운동 평양2차봉기 주동자 44인의 한 분인 독립유공자 김리환翁옹의 손자임을 자랑스러워한다.

가끔 빗나가는 삶이 있지만 대쪽 같으신 할아버지의 기독교 모태신앙의 힘으로 살아간다.

나의 손자병법은 Bruce Barton의 '예수의 광고술', James Web Young의 '아이디어 창출법', 윤석철교수의 '경영학의 진리체계' 이다.

'광야에서 외치는 자' 인 세례 요한과 같이 평생을 설득에 목숨을 거는 광고인으로 살아오고 있다.

15초 아니 3초 내에 눈길을 잡지 못하면 이미 설득은 죽은 것이다.

설득은 속도다. 간결하면서도 빨라야 한다.

버림의 美學미학!

버려야 얻는다는 지혜는 왜 이리 멀리 있는 것일까?

내 평생의 화두는 '전략' 과 '창의' 이다.

죽는 날까지 이 둘과 씨름해 볼 작정이다.

그래서 암호명은 '6030' 이다. 60세에 30세가 되는 것이다.

젊어야 이기는 걸 즐길 수 있다.

힘있게 동서양을 넘나드는 공부를 하고 싶어서이다.

사투 끝에 잡은 물고기가 상어 떼에 다 물어 뜯기고 싸움에 지쳐 쓰러져서도 "노인은 그날 밤 사자와 싸우는 꿈을 꾸었다."

헤밍웨이의 그 용기와 열정의 꿈을 광고라는 설득의 세상에 몸바쳐 뛰고 있는 사랑하는 모든 후배들과 죽는 날까지 함께 꾸고 싶다.

마지막으로 제4부 '바다로 귀환' 에 글과 마음으로 참여해 주신 모든 분들께 진심으로 감사 드리며 무엇보다도 이 부족한 시집을 내도록 이끌어주고 청람이라는 멋진 호를 나에게 선물해준 구산 박정래 시인에게 진심으로 감사를 드린다.

나.상.꿈 속에 첫째 딸 민혜의 조각과 드로잉, 둘째 딸 민지와 사랑하는 아내 정우의 드로잉을 함께 담게 되어 무엇보다도 기쁘다.

2016년 6월 30일

김덕영

나는 아직도 상어와 싸우는 꿈을 꾸고 있다

2016년 04월 19일 초판 인쇄
2016년 04월 25일 초판 발행

지은이 김덕영
펴낸이 이재욱
펴낸곳 ㈜새로운사람들
디자인 빌리언
마케팅 관리 김종림

등록일 1994년 10월 27일
등록번호 제2-1825호
주소 서울 도봉구 덕릉로 54가길25
전화 02-2237-3301 **팩스** 02-2237-3389
이메일 ssbook@chol.com
홈페이지 www.ssbooks.biz

ISBN 978-89-8120-524-9 03810